HANDBUCH FÜR DEN PERFEKTEN GENTLEMAN

(MIT WERTVOLLEN ANREGUNGEN AUCH FÜR SIE)

AUS DEM ITALIENISCHEN VON FRANK HEIBERT

MONSIGNOR
ALDO BUSI

© magnus-Medien-Verlags-GmbH, Berlin 1994
Erste Auflage September 1994

Alle Rechte vorbehalten. Kein Teil des Werkes darf in irgendeiner
Form (durch Fotokopie, Mikrofilm oder ein anderes Verfahren) ohne
schriftliche Genehmigung des Verlages reproduziert oder unter
Verwendung elektronischer Systeme verarbeitet, vervielfältigt oder
verbreitet werden.

Umschlag und grafische Realisierung von Sergio Vitale
unter Verwendung einer Fotografie von Tiziano Bedin
Gesamtherstellung: Clausen & Bosse
ISBN 3 92895 12 2
Printed in Germany

Bitte fordern Sie unser Gesamtverzeichnis an:
magnusbuch, Monumentenstraße 33-34, D-10829 Berlin

Inhaltsverzeichnis

Um einzuführen (...) 11
Blicke 15
Blicke in Begleitung 24
Runterschlucken 26
Selbstmord 27
Heroe oder Heroin? 27
Ausscheidungen der Liebe 28
Öffentliche Ordnung 28
Geld 28
Mütter 29
Kleidung. Etwas zugeknöpfte Vorschläge 30
A propos! Schönheitsmittelchen 35
Zufrieden oder Geld zurück,
jedenfalls keinesfalls. Perspektiven 37
Einmischung vom Autor an den Leser 38

Wörter, Anrufungen, Anwürfe und ein Tabu ...	39
Präservativ	40
Was Tätowierungen betrifft ...	41
Wie man den perfekten Gentleman entkleidet ...	44
Treue	45
Die Religion der Religionen	46
Sowas von kulturellem Kaliber	46
Rotlichtcruisen oder Wie man lernt, sich im Apollo-Kino aufzuhalten (A)	48
Sperma und seine Entsorgung (B)	62
Berufsstand. Kunst und Handwerk	66
Wachsamkeit der Ehefrauen	66
Geschenke unter Gentlemen, die die Beziehung beenden. Klasse	67
Kinder	68
Die ewige Frage von Aktiv und Passiv	70
Transvestiten/Transsexuelle, auch *Ficazzi* genannt, ihre Fans und Kunden	73
Schöner Schwanz, häßlicher Schwanz?	79
Reizwäsche	81
In der Sauna	83
Nächtliches Cruisen an öffentlichen Orten. AYOR! (Risiko!)	86
Der Gentleman mit verheiratetem Liebhaber ...	88
Dialoge mit Ignoranten und Abergläubischen ...	92

Fernsehen	93
Rivalinnen	94
Geheimnis	96
Der Gentleman, der eine untergeordnete Arbeit leisten muß	99
Outing	104
Aids ist keine Entschuldigung für Langweiler	106
Verabredungen und Versetztwerden	114
Fotos bei der Inneneinrichtung	119
Frauen	121
„Akzeptiert sich" der perfekte Gentleman oder nicht? Und was soll das heißen?	121
Wer homosexuell ist und wer nicht, auch wenn er hinter den Männern her ist wie der Teufel	128
Ausklang und Segen	133

Waldbaumläufer (*Certhia familiaris*)

„*Vorwiegend Jahresvogel; bewohnt in Süd- und Mitteleuropa hauptsächlich die Gebirgszüge, verbreitet sich dann weit über Nord- und Osteuropa, Asien sowie Nord- und Mittelamerika; Länge... Gefieder... Bürzel; bevorzugt dichte Nadelwaldungen, kommt aber auch in Parkanlagen und Gärten vor; ruft leise ‚Srih-srih' oder ‚Tsit-tsit', singt zart zwitschernd, mischt kurze und kleine Pfeiftöne und Trillerchen dazwischen, die an den Zaunkönig und die Blaumeise erinnern.*"

Hans-Wilhelm Smolik
Das große illustrierte Tierbuch

Um einzuführen (...)

Im Verlaufe meines mittlerweile langen Lebens – innerhalb und außerhalb meines priesterlichen Gewandes, mal Kodex, mal Podex, zwischen Himmel und Pimmel, Gemeinde und Gemächte, Sakristei und *Sagrotan* –, habe ich häufig und mit großem Bedauern feststellen müssen, wie beharrlich die Mehrheit der Schwulen – will sagen: der Durchschnittsschwule – sich gegenüber den anderen Schwulen (und Nicht-) mit einem Grad an Unzivilisiertheit gehenläßt, der an Barbarei grenzt. Wie oft war ich schon kurz davor, einem solchen Menschen eine ordentliche Lektion zu erteilen; zuweilen habe ich gar die Geduld verloren und es auf mich genommen, in aller Öffentlichkeit lächerlich zu erscheinen!

Doch es gibt derart unverfrorene Verhaltensweisen, daß nur ein Erheben der Stimme und ein ungezügeltes Dreinschlagen (selbstredend nachdem man zuvor vergebens versucht hat, den Störenfried mithilfe milderer Ratschläge und aller erdenklichen, geflüsterten, verhüllten Warnungen zu mäßigen) bei dem Unterfangen fruchten, ihm wenigstens vorübergehend etwas Zurückhaltung einzuflößen und ihn in Schach zu halten.

Dieser Knigge ist giftig, nicht saftig, ihr Dummbeutel!

Es ist eine großstädtische, also eine höchst provinzielle Legende, daß Schwule im Durchschnitt gebildeter, höflicher, freundlicher wären als die anderen Männer, im Durchschnitt. Das Gegenteil trifft zu: Wer als Mann auf die Welt kommt, ist irgendwann fast immer so weit, daß er sich in nichts mehr von seinesgleichen unterscheidet; da kriegst du schon Lust, anders zu sein. Darin sehe ich allerdings nichts Schlimmes oder Unvorteilhaftes, denn keiner der *in puncto* Sexualität oder Rasse *anderen* Männer braucht sein Recht aufs Überleben damit zu begründen, daß er schöner, intelligenter oder reicher ist. Ich begrüße daher die allgemeine Dummheit als Garantie: Schließlich ist sie das einzige Auswahlkriterium bei der Annäherung, welche die Geschlechter und die Völker zusammenbringt, die Rassen und die sexuellen Vorlieben, den Mann und die Frau, den Schwarzen und die Weiße.

Aufgrund seiner reichhaltigen historischen und sozialen Benachteiligung, derjenigen der Frau so verwandt, ist jedoch für den Durchschnittsschwulen das *Mehr* an Möglichkeiten, sich aufzulehnen und zu emanzipieren und ein wahrer Gentleman oberhalb des Durchschnitts (also seiner selbst) zu werden, stets so beachtlich gewesen, daß ich die Hoffnung nie aufgeben werde, jene Legende möge wahr werden, ein bißchen zumindest.

Dieses Mehr an Möglichkeiten für den Durchschnittsschwulen erwächst zwangsläufig aus dem stärkeren Antrieb, das vom Zufall bestimmte Los der anderen mit seinem eigenen zu vergleichen. Er nutzt, immer öfter an ein- und demselben Tag (es sei denn, er ist durch Haß oder Eigennutz ganz fühllos geworden), eine größere Zahl von Streitgesprächen mit sich selbst – oder, falls er ein offener und zur Offenheit neigender Homosexueller ist, mit der Familie, bei der Arbeit und in der gesamten Gesellschaft inklusive Kneipe –, und hat sich dabei mit Fragen direkt politischer und indirekt existentieller Natur auseinandergesetzt ("Was ziehe ich heute abend an?"), die der Mehrheit gar nicht einfallen, der es auch nicht gegeben ist, darüber nachzudenken und positiv auf das eigene Erscheinungsbild einzuwirken. Im klaren Bewußtsein dieser meiner Verallgemeinerung muß ich leider feststellen, daß der Durchschnittsschwule (wobei „durchschnittlich" nicht besagt, daß er eher zu einer Klasse gehört als zu einer anderen, eher zu einer Kultur als zu einer anderen, eher zu einem Level des Reichtums als zu einem anderen: der Schwule ist allein aus Antonomasie durchschnittlich) sich benimmt wie eine Hyäne in der Wüste: Alle anderen drumherum sind Aas. Entweder Aas, das ihn interessiert, weil es schon soweit ist, oder Aas, das ihn nicht interessiert und noch ein bißchen herumtrödelt, um ihn zu ärgern und seine Inspektion der begehrten Leichen des Tages zu verzögern.

Aus meinen Beobachtungen und meinem Mißbehagen ist dieses Handbuch entstanden; die Besserwisserei gab es schon früher. Es enthält wertvolle Ratschläge, wie sich ein perfekter Gentleman im (normalerweise: Porno-)Kino zu verhalten hat, in der (normalerweise: schwulen) Disco, in öffentlichen Grünanlagen und an Flußufern (wo gecruist wird), im Restaurant (wo oftmals echte Männer mit echten Frauen hingehen, denen der Schönheitschirurg nur am Adamsapfel herumgeschmirgelt hat) und an vielen anderen Orten, in vielen anderen Situationen, die sich mit einer geringfügigen Anstrengung der Phantasie erschließen lassen, bis man ein vollständiges Bild dessen hat, was es nicht gibt. Ein ganzes Kapitel wird den Frauen gewidmet sein. Darin werde ich grundsätzlich.

„Besser kurz und standfest als lang und nachgiebig", sagte Maria Magdalena, und dann bereute sie. Es hätte keiner Wunder bedurft, um einen langen und standfesten zu finden, ein Wundergeheilter würde ausreichen. Und sie bereute, denn sie hatte sich vom Mund ablesen lassen, daß sie es keineswegs aus Liebe tat, sondern rein beruflich. Eine, die an die Liebe glaubt, glaubt auch an Wunder, und sie glaubte aus beruflichen Gründen an alles beides, aber an einen langen standfesten nicht. Sie war einfach realistisch, verstehst du; ein Wunder, das geht vielleicht gerade noch, aber ein langer standfester, unmöglich, denn dazu bräuchte es außer der Hand Gottes auch noch den Mann, der ihn hochhielte. Auch ich weiß, wie Maria Magdalena, daß gewisse Dinge, ebenso wie gewisse Traktate (vor allem wenn mit geschliffener Zunge traktiert) aufhören, wenn's am schönsten ist. Zwecklos, den Finger auf und ab zu bewegen oder das Becken kreisen zu lassen, als ginge es darum, das letzte Ping! tief unten im Sparschwein zum Klingeln zu bringen: Alle ist alle. Doch da es noch andere Dinge gibt als das rein Körperliche, ist nicht alles, was fehlt, gleich verloren; wenn das Kurze dir gefallen hat und dir läuft schon das Wasser im Munde zusammen bei der Vorstellung, wieviel besser es dir bekommen wäre, wenn es ein winzigkleines bißchen länger gewesen wäre (die können den Hals nicht vollkriegen!), dann beginnst du an dem, was gerade zu Ende ist, die Unendlichkeit zu ermessen. Mein Stabmaß wartet nur darauf, sich deinem Maßstab zu stellen.

Wer im Begriff steht, ein Gentleman zu werden, hat immer ein Etikett(e)problem: Entweder er lernt's von allein, oder er läuft weiterhin mit dem herum, das ihm die anderen ankleben.

Blicke

Wem gehört ein Blick? Dem, der ihn abschickt, oder dem, den er trifft? Da würde einem einfallen: beiden Augenpaaren, jeweils exakt zur Hälfte. Aber dem ist keineswegs so. Denn der Blick selbst gehört in zwei Grundkategorien unterteilt: Da wäre zunächst der *blitzartige*, welcher das angepeilte Ziel unmittelbar erfaßt und dessen aufblitzendes Wohl- oder Übelwollen auffängt, sodann der *beharrliche*, der zu Beginn stets peinlich ist, auch wenn er uns in der Folge durchaus Vergnügen bereiten kann. Falls es sich um einen einsamen Blick handelt, aus allzu großer Entfernung oder scheel oder hinter einer Sonnenbrille hervor, dann stellt sich die Frage überhaupt nicht, denn solch ein Blick erfordert keine Antwort, erhofft keine und beabsichtigt das auch nicht.

Meines Erachtens besteht kein Zweifel, daß blitzartige Blicke unter Männern zulässig sind (solche eben, für die zwangsläufig derjenige nicht um Erlaubnis gebeten worden ist, der noch gar nicht weiß, daß er aufs Korn genommen wird). Ich verurteile jedoch schärfstens den beharrlichen Blick eines Schwulen auf einen Mann, der nichts anderes verbrochen hat, als ihm zu gefallen, und dem diese Aufmerksamkeit platterdings nicht zusagt oder der sich gar erschreckt, weil er einen Angreifer vermutet, einen bezahlten Killer, einen Irren. Wie viele Schwule fixieren einen armen Jungen, der vielleicht in einem Café sitzt, womöglich in Begleitung; sie spazieren vor ihm auf und ab mit dem Ziel, seine zurückgehaltene Libido zu wecken, und in Wahrheit stören und verstören sie ihn dermaßen, daß er sich im

Angesicht eines Zweifels, eines Scheidewegs gar endgültig für die Frauen entscheidet!

Keiner soll mir erzählen, den Heteros würde es gefallen, aufdringliche Komplimente, Reverenzen mit dem Fernglas und lautstarke Lobeshymnen von einem Unbekannten zu erhalten, dem die Glubschaugen gleich aus dem Kopf fallen. Keiner soll mir erzählen, den Männern würde es gefallen, vor allem anderen Männern zu gefallen, weil das eine Garantie dafür wäre, um so mehr den Frauen zu gefallen. Es stimmt absolut nicht, denn es gibt eine altbekannte Tatsache, die so mancher Schwule einfach nicht wahrhaben will: Zwischen Mann und Frau ist es immer die Frau, die entscheidet, mit wem sie ins Bett gehen will; zwischen einem Mann und einem Schwulen ist es immer der Mann, der entscheidet, mit wem er eventuell ein außerheterosexuelles Abenteuer haben will. Die geringe Dynamik, welche aus dieser Tatsache folgt, beschränkt den Aktionsradius des Schwulen auf eine Form der Eroberung, die zwar fieberhaft, aber völlig passiv und dementsprechend ungewiß verläuft. Wenn ein schwuler Mann sich jedoch mit einem anderen Schwulen beschäftigt, vor allem mit einem Feierabendschwulen, so ist es nie der Mittelstürmer, der das Tor schießt, sondern der Torwart. In diesem Sinne verhält sich der Mann-als-Beute zum Jäger-auf-Beutezug wie die Frau zum Mann: Es ist stets der Mann-als-Beute, d.h. die verkappte Frau, der entscheidet, ob er sich nehmen lassen will und von wem.

Neben den Freudentänzen und der Niedergeschlagenheit auf den Tribünen, wenn ein Elfmeter im Tor landet, gibt es eine regelrechte Bürokratie der vorher von den beiden Mannschaftsführern abgesprochenen

Eigentore. Die Vortäuschung ist die Mutter aller Schau-Spielereien, eines ganzen Systems, das der fanatischen Naivität derjenigen entgeht, die auf einfache Beglückungen schwören. Die einen schwelgen, die anderen raufen sich die Haare, und ich habe derweil doppelt soviel gewonnen wie meine Widersacher, die gewonnen haben: weil ich ein Tor reingekriegt habe.

Im allgemeinen lassen sich Männer deshalb gern von anderen Männern den Hof machen, weil sie dabei dieselben Rauschgefühle empfinden wie eine Frau, wobei es nicht etwa darum geht, ja zu sagen, sondern die Gelegenheit zum Nein zu nutzen. Was bringt es also, das Ganze überhaupt zu versuchen? Oder, wenn man es versucht, was bringt ein unübersehbarer beharrlicher Blick? Er bringt einen fast immer in eine lächerliche Lage, und die Möglichkeiten des Erfolgs sind so spärlich gesät, daß es sich nicht lohnt, irgendeinem Mann diese Befriedigung zu verschaffen. Sollen sie es doch unter sich ausmachen, die Männer und die Frauen, wo den Heteros nicht nur blitzartige, beharrliche und unübersehbare Blicke auf jede schöne Frau, die ihnen vor die Flinte kommt, gestattet sind, nein, sie sind geradezu aufgefordert, die Frauen öffentlich anzustarren; und oftmals, vor allem in Begleitung anderer Heteros, riecht dieses Recht schwer nach einer Pflichtübung, die man in der Gesellschaft zu vollziehen hat, ähnlich wie Schulaufgaben. Ob man will oder nicht.

Ich bin mal mit einem gewissen Eros essen gegangen, und mehr als einmal mußte ich ihn zurückhalten, weil er, während ich den möglichen männlichen Versuchungen an den Nebentischen bewußt den Rücken kehrte, sich benahm, als säße er auf einem strategischen Beobachtungsposten. Seine Augen waren wie Kletten, wirklich wahr. Aus seinem gedankenverlorenen, verzückten Blick, unterwürfig auch, und aus seiner geringen Aufmerksamkeit für unser Gespräch, das, kaum begonnen, schon wieder versandet war, sprach für mich der verzweifelte Drang, Eindruck zu schinden und einen Mann (fast immer in der lieben Begleitung einer Frau, eines Kindes) der Treue zu seinen Mitessern zu entreißen; oft habe ich – mittels eines Vorwands, etwa einer heruntergefallenen Serviette oder eines dringenden Telefongesprächs, oder mit Hilfe eines Spiegels – in den Augen dieses fixierten Mannes schieren Haß lesen können, wenn nicht Gleichgültigkeit oder Unbehagen; und oft habe ich gefürchtet, dieser Mann würde – ohne Erklärung, denn *klar* war das Ganze schon seit geraumer Zeit – aufstehen und zu uns herüberkommen, den Tisch umwerfen und mit den Fäusten auf meinen unvorsichtigen, unermüdlichen und ungehörigen Freund losgehen. Mehr als einmal habe ich diesen darauf hingewiesen, daß er mit einem Blick auf einen Schlag drei Personen in eine peinliche Lage brachte: den fraglichen Mann, die Frau bzw. das Kind in seiner Begleitung und mich, der ich von den vorwurfsvollen Blicken der beiden einbezogen und mitbeurteilt wurde, ohne daß mich irgendeine Schuld traf – außer vielleicht, mit einem unerzogenen Menschen essen zu gehen, der, um andere Leute dermaßen zu fixieren, schon eine ziemlich fixe Idee haben mußte.

Damit will ich keineswegs sagen, man solle mit gesenktem Haupt durch die Welt gehen oder im Restaurant die Nase in den Teller hängen. Wenn ich jedoch versuche, mich in jene Männer hineinzuversetzen, die ungerechter- und ungerechtfertigterweise von Homosexuellen ins Visier genommen werden, die, je neurotischer, frustrierter und unbefriedigender in punkto Manieren, desto überzeugter davon sind, anziehend auf jene Unglücklichen zu wirken, die ihre sexuellen Phantasien anheizen – dann ist mir eine solch übersteigerte Prüderie doch lieber als die Aufdringlichkeit, mit den Nadelstichen der Blicke am Nervenkostüm eines Mitmenschen herumzuflicken. Die Marotte eines Individuums, um jeden Preis jemandem zu gefallen, der nicht im Traum darauf käme, uns auch nur in Erwägung zu ziehen, ist ein kollektives Elend, wie man es auch betrachtet.

Und wenn wir auf Blicke verzichten, wie sollen wir dann zusammenkommen? wird man mir entgegenhalten. Ich sehe nicht, warum man überhaupt zusammen kommen muß, und schon gar nicht, was eine solche Häufigkeit von Zusammenkünften soll, oft ungefragt und fast nie auf Gegenseitigkeit. Öffentliche Orte sind Ghettos, die für heterosexuelle Männer und Frauen geschaffen wurden, nicht für die Schwulen. Der Schwule begibt sich an einen öffentlichen Ort, schon wegen seines albernen Aufzugs oder seiner Gestik oder seiner hohen, schrillen Stimme, normalerweise nur um des Vergnügens willen, ausgelacht zu werden, oder um ausgelacht zu werden, ohne es zu wissen. Einen Blick von ferne kann ich noch zulassen, aber so von ferne, daß sich keine Zielscheibe als Zielscheibe fühlt; ein flüchtiges Spähen aus größerer Nähe kann ich eventuell ebenfalls zulassen (obwohl es mir eigentlich schon übertrieben scheint), doch meines Erachtens darf darin keinesfalls etwas explizit Sexuelles mitschwingen; und niemals, aber auch niemals kann ich dem beharrlichen Blick eines Schwulen auf einen Unbekannten an jeder Art öffentlichem Ort zustimmen – anders fiele die Analyse eines Blickes an einem geschlossenen öffentlichen Ort aus, der notorisch und ausschließlich von Schwulen frequentiert wird.

Ein Grundproblem der visuellen Korrektheit drängt sich auf, auch bei Überschreitungen und Blickwechseln existieren Regeln des Benimms und der Höflichkeit: Es ist zutiefst unanständig, einen Mann in Begleitung einer Frau anzustarren, wenn man nicht gleich darauf – oder, als wahrer Gentleman, noch zuvor – auch sie in Augenschein nimmt. Es muß doch unangenehm sein für eine Frau, die in solch einem Augenblick das Gefühl (und gar das berechtigte Gefühl) haben mag, das Ein und Alles des Mannes an ihrer Seite zu sein, wenn der Blick eines anderen Mannes sie völlig ignoriert, sie plötzlich phantomisiert und pulverisiert, um sie unsichtbar zu machen, ihre Existenz einfach negiert, sie geradezu umbringt, wodurch dieser andere, und sei es auch nur für den Bruchteil einer Sekunde, ihre bürgerlichen, emotiven und intellektuellen Rechte demoliert, ganz zu schweigen von der Art, wie sie sich anzieht. Nun gilt das Prinzip, daß jeder seinen Willen bekommen soll, solange er dadurch nicht dem Willen eines anderen schadet oder dieser es zumindest nicht erfährt. Wenn ich nicht irre, gibt es doch ein hervorragendes Gebot von Moses, das da besagt: „Begehre nicht die Frau deines Nächsten." Ich könnte hinzufügen: Begehre sie vor allem nicht, während die Frau dabei ist, die du nicht mehr begehrst. Begehre nicht den Mann einer anderen oder eines anderen, vor allem, wenn dieser

Mann jene andere oder jenen anderen weiterhin begehrt, egal was du tust, um ein störendes Element (und sei es nur ein ausgedehnter Blick) zwischen sie zu bringen, das in jedem Fall zu einem Kurzschluß führt, zu einer Unterbrechung der Kommunikation zwischen dem ungehörig Fixierten und seiner Begleiterin bzw. seinem Begleiter. Ich habe, das sei *en passant* gesagt, eine ausgesprochene Abneigung gegen jeden, der so wenig Phantasie, Kreativität oder Auswahl hat, daß er sich unbedingt in die Gattin des Freundes, den Gemahl der Freundin verlieben muß, in irgend jemand, der zum, sagen wir: familiären Umfeld gehört, wo gewährtes Vertrauen oft unbegrenzt ist und unbegrenzt enttäuscht wird. Ich habe einmal mit meinem literarischen Agenten gebrochen, weil ich erfahren hatte, daß sie sich mit einem nicht gerade erstklassigen Schriftsteller eingelassen hatte und seine Rechte vertrat, die aber keiner haben wollte. Wenn ein literarischer Agent sich auf einen Schriftsteller einläßt, darf es schon Marcel Proust oder Choderlos de Laclos sein; wer unbedingt in seiner Badewanne angeln muß, sollte aber sicher sein, daß ein Walfisch drin schwimmt. Sonst gehe er besser auf hohe See und kehre am Arm eines Matrosen zurück, eines Schiffsjungen, eines Schiffbrüchigen, Hauptsache, er schreibt nicht. Wenn du dich am Arm einer Dosensardine blicken läßt, heißt das bloß, du hast es nicht mehr ausgehalten und dir war alles recht, und damit bist du für mich gestorben.

Nun mag es den einen oder anderen geben, den inzwischen das Bedürfnis gepackt hat, den Titel dieses kleinen Traktats zu ändern und es „Handbuch des perfekten schwulen Misanthropen" zu nennen, aber ich bleibe dabei: Es kommt darauf an, wirklich Grenzen zu überschreiten und endlich damit aufzuhören, dies nur dem Anschein nach zu tun, so konformistisch wie möglich und immer dem grauenvollen Bild entsprechend, das sich die Gesellschaft zu Recht von den Schwulen macht.

Die Angelsachsen haben den Standardblick des Standardschwulen mit dem Ausdruck *frantic look*, also mondsüchtiger oder besessener oder gehetzter Blick, treffend stigmatisiert; dabei handelt es sich um einen wahren Überfall mit vorgehaltener Augenwaffe, ein Verbrechen, das auch dann auffällt, wenn es ganz offen begangen wird. Zu diesem aggressiven, oft unbewußten oder unkontrollierten oder weggetretenen Blick des Schwulen, vom Gesicht runter bis zur Beule des Unbekannten, gehört ein unterentwickelter Sinn für Höflichkeit. Meines Erachtens stellt so ein Blick eine überflüssige Verschwendung von Energien dar, die den Schwulen immer isolierter und unbefriedigter und ausgezehrter werden und seine visuelle Vergewaltigung immer ausgehungerter, abstoßender und unerträglicher wirken läßt, bis zur Ekelschwelle. Das Ganze beginnt mit einem Begehren und endet in einem Tick, und eine Sekunde später ist es ein einsames Laster, das keinen Blicksempfänger der Welt mehr interessiert. Aus diesem Grunde empfehle ich Mäßigung im Gebrauch des Blickes als Vehikel des Begehrens: denn das Begehren verdunstet langsam, und zurück bleibt nur der entleerte Blick eines Schizophrenen. Man müßte im Einzelfall entscheiden, wie man seinen Blick einzusetzen gedenkt; und da dies unmöglich ist, rate ich zu einer Disziplinierungsübung: Vom

Moment des Aufwachens an gestatte man sich beispielsweise nicht mehr als drei *solcher* Blicke am Tag, darauf zwei, schließlich einen, wie mit den Zigaretten, bis man am Ende womöglich ganz damit aufgehört hat. Sie werden sehen, wieviel frischer und wacher sich Ihr Blick anfühlt, wie die wahren Gelegenheiten im Nu angepeilt und fruchtbar gemacht sind, und zwar zuallererst zu Ihrem eigenen Nutzen, gleich darauf auch zu dem der anderen.

Ein blitzartiger Blick, das reicht: Wenn er auf eine ganz bestimmte Weise erwidert wird, gehen Sie drei Schritte weiter und bleiben dann in Zeitlupe stehen, drehen Sie sich langsam um 180° und betrachten Sie das vor Ihnen liegende Geschäft. Achten Sie darauf, daß es sich nicht um ein *Prénatal*-Schaufenster handelt. Ist es *malgré tout* doch eins und auch er ist stehengeblieben, um fasziniert Kinderwägelchen, Strampelanzüge mit Beutelchen und Babytragegurte zu bewundern, na, dann ist Ihnen soeben die ewige Liebe erklärt worden. Verflüchtigen Sie sich gemeinsam in den nächsten Hauseingang oder Fahrstuhl oder auf die Toiletten im Kaufhaus, aber verzichten Sie auf die Träne im Augenwinkel: Er könnte das mißverstehen und vermuten, in Ihnen nisteten etwa widernatürliche plazentäre Hoffnungen.

Den Fahrstuhl blockieren Sie.

Blicke in Begleitung

Wenn man in Begleitung ist, konzentriert man sich auf diese Begleitung, ansonsten richtet sich die Aufmerksamkeit höchstens noch auf die Fahrbahn, um beim Überqueren der Straße nicht überfahren zu werden. Es gibt nichts Störenderes als einen, der sich ständig von der Außenwelt ablenken läßt, es sei denn, dabei handelt es sich um die Innenwelt, die schon neben einem sitzt. Es ist als Mangel an Respekt anzusehen, wenn einer nicht alleine ist und andauernd den Kopf nach rechts und nach links dreht, ein krankhaftes und schizoides Verhalten, typisch für die Schwulen, denen es praktisch nie gelingt, ihre ruhelose Suche nach etwas und jemandem zu vergessen, der bzw. das besser ist, als was sie schon haben, und sei es nur für ein Viertelstündchen. Gemeinsame Geselligkeit bedeutet, an einem gemeinsamen Verhalten mitzuwirken, nicht, den armen Teufel wie Falschgeld rumsitzen zu lassen, der einem in dem Moment Gesellschaft leisten soll. Der Schwule ist stets abgelenkt, kann fast nie den Kopf ruhig halten, geschweige denn, was er eventuell drinnen hat; er muß immer die Aufmerksamkeit auf sich ziehen, wie ein ewiges nervtötendes Kind, das man am liebsten ausgiebig verprügeln würde, liefe man nicht Gefahr, eben damit seine geheimsten Wünsche zu erfüllen. Der Gentleman dagegen hat, wie alle Gentlemen dieser Erde, all das unter Kontrolle – und ist ihm nicht unterworfen, wie die Massen von Spießern und psychisch Gestörten: was los oder nicht los ist, was passiert oder nicht, wer ankommt oder aufbricht, und ob es geraten erscheint, sich vorübergehend einem Auserwählten zuzuwenden. Wenn man mit einem Freund oder einer Freundin unterwegs ist, gehört der Blick ganz ihm oder ihr, und das sollte er auch in der weniger direkten Form sein, etwa wenn er anderswohin schweift in seiner Suche nach einer neuen reizvollen Perspektive auf diese Begleitung. Dies gilt sowohl unter Freunden als auch unter Liebhabern, natürlich nur in einer ungeselligen Umgebung, gemeinsam isoliert an einem neutralen Ort, wo Fremdheit herrscht zwischen diesen beiden und den anderen Wanderern des Augenblicks. An einem großen Tisch, in einer kollektiven gesellschaftlichen Situation gelten freilich andere Regeln, ja, sie besagen im Grunde das Gegenteil der obengenannten; dann ist jedes Eindringen nicht nur zulässig, sondern gar willkommen, und wenn nicht willkommen, so wird es zumindest freundlich, stets und in jedem Falle geduldet.

Auch der Gentleman kann von der modernen Frau nur lernen, die so irrsinnig viel mehr Sex-Appeal hat als die Frau von einst: Wenn eine moderne Frau mit irrsinnig viel Sex-Appeal von einem Mann auch Respekt kennengelernt hat, wird sie keine andere Leidenschaft je mehr befriedigen können.

Runterschlucken

Der perfekte Gentleman verrät nie, daß er beim Blasen runterschluckt, weil das gut für die Haut ist, er verwandelt nicht auch noch die Seele des Geliebten in eine Creme zu kosmetischen Zwecken. Seien Sie nicht utilitaristisch und eigennützig bei diesen Beweisen Ihrer Unterwerfung. Sagen Sie immer, es sei aus Liebe, doch wehe, das stimmt. Bei den Cremepreisen heutzutage ist man gezwungen, sentimental zu spielen. Aber seien Sie es niemals! Er soll ruhig den Eindruck bekommen, Sie hätten eine kannibalische Ader, aber bitte nicht, daß Sie am Dessert sparen wollen.

Blasen mit Runterschlucken sollte nicht nur einmal alle halbe Jahre gemacht werden, das verstopft bloß unnötig eine Woche lang den Darm, denn nicht jeder kann das sofort gut verdauen. Gewisse Praktiken praktiziert man entweder regelmäßig oder überhaupt nicht. Allein durch Beständigkeit und Hingabe machen Sie aus Ihren Perversionen etwas ebenso Selbstverständliches, als wär's eine Gewohnheit.

Sperma ist ein korrosives Agens von seltener Wirkkraft: Lassen Sie es bloß nicht ins Gesicht kommen, denn auch wenn Sie die Augen schließen, früher oder später müssen Sie sie ja doch wieder öffnen. Und in der Ohrmuschel, zwischen Trommelfell und Hammer, ruft es ein kaum zu dezibellierendes Echo hervor.

Nur den Anhängern des Meeresrauschens zu empfehlen, die ihr Leben mit einer ans Ohr geklebten Muschel verbringen würden.

Selbstmord

Von einem perfekten Gentleman sollte man keinesfalls sagen, er habe einen Selbstmordversuch begangen, höchstens, er habe Selbstmord begangen. Versagen Sie nicht auch noch bei den wenigen Gelegenheiten, die das Leben Ihnen bietet, um zu zeigen, wieviel Sie wert sind, sonst kommt nachher noch raus, was Sie wirklich sind.

Schreien Sie nicht „Feuer, Feuer" bei jedem Streichholz, das Sie zu Gesicht bekommen. Geben Sie die verdammte Marotte auf, sich jedesmal die Pulsadern aufzuschneiden, wenn Ihr derzeitiger Liebhaber Ihnen mitteilt, daß er seine Kreditkarten zu Hause vergessen hat.

Heroe oder Heroin?

Ein perfekter Gentleman gleicht in allem und bei allem einem perfekten Gentleman und einer perfekten Lady: Er vermeidet jeglichen persönlichen Gebrauch irgendwelcher Drogen, von gelegentlichem Vertrieb einmal abgesehen.

Ich bin bereits perfekten Gentlemen begegnet, die Heroin oder Kokain vertrieben haben, aber einem drogensüchtigen niemals.

Ein perfekter Gentleman bringt Sie vielleicht um, aber er würde Ihnen niemals Ihr Handtäschchen entreißen.

Ausscheidungen der Liebe

Der perfekte Gentleman macht, da er kein Kind mehr ist, nur spärlichen Gebrauch von Exkrementen als erotischen Accessoires. Falls Sie es tun, achten Sie bitte darauf, den Ort und den Partner so zurückzulassen, wie Sie sie vorgefunden haben. Was nun alles und überhaupt nichts besagt.

Öffentliche Ordnung

Gehen Sie mit den Organen der Polizei nicht chaotisch um: Stecken Sie dieselben stets wieder ins richtige Futteral zurück. Sonst ziehen die noch, verwirrt durch Entgegenkommen und Werkzeug des Täters, die falsche Pistole. Bei den Vorsichtsmaßnahmen mit ihnen sollten Sie allerdings keine Kompromisse machen: ein Überzug aus *Wachs* kann die Spuren eines Schusses nachweisen, aber doch nicht abweisen.

Geld

Der Gentleman, der ins Herrenbordell geht, achtet nicht aufs Geld. Falls Sie darauf achten, entscheiden Sie sich lieber für ein Leben im Namen der wahren

Liebe. So schief das auch gehen kann, immerhin halbieren Sie damit Strom-, Wasser- und Gasrechnungen. Wer sein Leben zu zweit in ein und derselben Wohnung teilen will, sollte wissen, daß in kürzester Frist der Hausverwalter das einzige verbindende Glied sein wird.

Mütter

Einziger Wunsch jeder Mutter ist es, Großmutter zu werden. Der Gentleman kann sie in dieser Hinsicht befriedigen, oder er kann es lassen, aber er sollte eine Mutter niemals in der Hoffnung wiegen, daß er das höchstpersönlich bewerkstelligen wird. An *der* Stelle ist noch nie ein Baby rausgekommen. Selbst vom schönsten Arschloch kann man nicht erwarten, daß es plötzlich eine Serenade von sich gibt, also reden Sie ruhig offenherzig mit Ihrer Frau Mama: sie wird Ihnen sowieso nicht glauben. Eine Mutter *versteht*, aber sie *weiß* doch nicht. Wenn sie schon fortgeschrittenen Alters ist und das Gedächtnis ein wenig nachläßt, und Sie sind immer noch da und haben sie am Bein (vielmehr: sie hat Sie am Bein), dann lassen Sie sie doch ruhig für jeden Ihrer Fürze einen Taufnamen aussuchen; Hauptsache, sie wirft nicht gleich mit Reis, Silberlöffeln und Geburtsanzeigen um sich.

Kleidung.
Etwas zugeknöpfte Vorschläge

Für dieses kleine Kapitel gilt die Regel von Gegensatz und Kontrast: In einer Welt, wo sich heterosexuelle Männer mit Ziernägeln zieren oder mit Bananen bekleiden wie die abgedrehteste Josephine Baker, weil das trendsettend sein soll, reagiert der Gentleman, indem er sich in Reih und Glied zurückzieht: die einzige Möglichkeit, daraus von neuem hervorzutreten und somit *nunc et semper* der Avantgarde anzugehören.

In diesem Zusammenhang haben einmal zwei junge Studenten, Marke Vatis Liebling, eine recht traurige, aber doch amüsante Episode erlebt: Als ich sie vor drei Jahren kennenlernte, hielt ich sie sogleich für zwei verkappte Jungschwestern. Weit gefehlt: Sie waren wie wild hinter Frauen her und sind es heute noch. Aber, sei es als Protest gegen die Familie, sei es in der Hoffnung, sich von ihren lässig-grauen Kommilitonen abzuheben, sie setzten alles daran, einen umwerfenden Look zu kreieren. Als ich sie zum vorletzten Mal sah – die beiden Jungs sind durchschnittlich gebildet, durchschnittlich links und durchschnittlich durchschnittlich, abgesehen von ihrem Kleidungsstil, jedenfalls für Heteros –, da trug A seine Haare mit Steilklippe auf der Stirn wie Grace Jones, einen Ohrring und Make-up-Grundierung, B dagegen hatte sich Herrenwinker à la Silvana Pampanini an die Schläfen gepappt, rasselte mit Elfenbeinarmbändern und hatte zwei Brillantohrringe, dazu Cowboystiefelchen, aber mit so hohen Absätzen, daß er auch im Stehen mit den Hüften wackeln mußte. Gut, eines Abends gehen unsere beiden Blutsbrüder aus, um irgendeine Biene aufzureißen, und nach einer Auseinandersetzung mit einer Gruppe anderer junger Leute werden sie mit dem Ruf „Raus mit den Arschfickern!" bedacht. Also wenn schon die Heteros glauben, auf schwul machen zu müssen, um eine Frau aufzureißen, was sollen dann bitte sehr die Schwulen machen, um einen Mann zu organisieren, ohne daß sie gleich von der Seite angemacht werden? In einer Männerwelt der massenhaften Grenzüberschreitungen, der massenhaften, schreiend auffälligen Kleidungsstücke mit Markennamen, der Massengetränke, der Massenkosmetik für Männer, der Männlichkeitsmuster für die Massen, was bleibt dem Schwulen da noch übrig, wenn er sich unterscheiden will, als sich überhaupt nicht mehr zu unterscheiden? Welchen Sinn hat es noch für einen Schwulen, einen Ohrring zu tragen, oder mehr als einen, wenn drei von vier Jungen die gleichen Ohrringe haben und fünf von sechs Schwulen sowieso, so daß man nicht mehr sagen kann, wer da wen nachmacht? Was für eine Grenzüberschreitung stellt so ein Ohrring noch dar, wenn ihn alle haben, wenn die Männer inzwischen mit dem Löchlein im Ohrläppchen geboren werden, weil es die Mütter schon beim Fötus reinbohren? Wie kann es bloß sein, daß ein Schwuler sich einbildet (wie viele Schwule es zu Unrecht tun), mit der Mode zu gehen und zutiefst originell zu sein, wenn das Original selbst, das Konzept an sich, längst zur Schablone geworden ist, ein Massenprodukt? Heutzutage macht ein Schwuler ohne Ohrring Eindruck, erweckt ein Interesse, von dem die mit dem Ohrring nur träumen können. Überdies braucht es, wie ich soeben gezeigt habe, mehr als ein paar Ohrringe, um sich wenigstens Handgreiflichkeiten einzuhandeln. Dieses Privileg ist inzwischen an die Heteros übergegangen, die vor lauter Imitierenwollen der Schwulen, die wir angeblich die Nase vorn haben, rettungslos im Hintertreffen sind, uns aber auf diese Weise auch noch um die wenigen sicheren Freuden des Lebens gebracht haben, etwa die öffentliche Verhöhnung.

So weit, so gut; damit rate ich jedoch keineswegs zu jenen Anzügen oder Kombinationen oder Kaschmirveranstaltungen, die manche Tunten als Hetero-Uniform tragen und die ihre Tuntigkeit nur noch deutlicher hervortreten lassen, weil ihr sehnsüchtiger Wunsch nach Mimikry zum Himmel schreit, ohne daß es ihnen bewußt wäre. Es ist nicht einfach zu sagen, wie man sich denn nun anzuziehen hat, ähnlich wie es schwerfiele zu sagen, wie ein perfekter Gentleman sich ausziehen sollte. Es gibt eine regelrecht subkulturelle Ebene der Mode, die vor allem entschönt werden muß, und aus diesem Ansatz folgt, daß wir uns, da sich nicht sagen läßt *wie*, darauf beschränken wollen zu sagen *wieviel*: Man sollte nicht mehr als fünfzig Mark für ein Hemd ausgeben, nicht mehr als siebenhundert Mark für Jackett und Hose und nicht mehr als hundertfünfzig für ein Paar Schuhe, und das höchstens zwei-, dreimal im Jahr. Zuvor wird die Garderobe ausgedünnt, das würde ich einem Gentleman jedenfalls nahelegen. Erst dann läßt sie sich wieder Schritt für Schritt vervollständigen, einer eingehenden, möglichst objektiven Bestandsaufnahme folgend, die sich nicht etwa darauf bezieht, was wir zu sein glauben, sondern darauf, was wir sind und was man wirklich in uns sieht, während wir glauben, den anderen einen Bären aufbinden zu können, und zwar sowohl in bezug auf den Zustand unserer Körpermuskeln als auch in bezug auf das Alter, das wir zu ignorieren vorgeben. Die schlimmste Sünde ist Jugendlichkeit. Ein schöner Mann ist in allen Altersstufen schön, er wird erst dann häßlich, wenn er glaubt, er müßte schöner sein, als er ist. Ein Gentleman ist jung zur rechten Zeit, und er weiß zu altern, kurz bevor er alt wird, nicht etwa ein Jahrzehnt später. Jedes Jahr, das man von seinem Alter abzieht, hat man dem Tod geschenkt. Um sicherzugehen, verzichtet man also ab dem vollendeten fünfzehnten Lebensjahr auf Pferdeschwänze und -schwänzchen, außerdem auf Ohrringe, Bänder und Kettchen mit Talismanen, Madonnen und Kreuzen – o ihr armen Väter, Söhne und Heiligen Geiste und Mütter, auf welchen Landschaften müßt ihr zuweilen herumhüpfen!

Der perfekte Gentleman trägt seine Armbanduhr niemals als Statussymbol, sondern um zu sehen, wie spät es ist. Also braucht er damit auch nicht über fünfzig Mark zu gehen, inkl. Etui und den beiden Tonnen Waschpulver (ab zwei Stück gibt es sie als Werbegeschenk).

Desgleichen beim Auto: Nichts und niemand wird mich je davon überzeugen können, ein Automobil käuflich zu erwerben, das eine andere Funktion hat – von zurückklappbaren Sitzen mal abgesehen –, als mich von einem Ort zum anderen zu bringen. Wenn es mich zu irgendwelchen symbolischen Höhen aufsteigen lassen soll, muß es schon eine Himmelskutsche sein, darunter zählt nichts. Für ein Statussymbol werden keine Wechsel unterschrieben. Sie sollten mit der wenigen Zeit, die Ihnen zugebilligt ist, gut haushalten und sie nicht den Krallen eines autorisierten Händlers oder Bankiers ausliefern. Geben Sie sich nicht mit Freude zufrieden, streben Sie nach dem Glück. Wo das Glück zu Hause ist, findet die Leidenschaft fruchtbaren Humus. Wenn Sie Freude nur bei Zielen empfinden können, die Ihren Geldbeutel überschreiten – das gilt in allem, auch in der Liebe! –, wird Ihnen die Depression ohne Vorwarnung das Grab unter den Füßen ausheben, auch wenn Sie weder Stroh im Kopf noch Ameisen im Hintern haben.

Als einziges Statussymbol ist dem perfekten Gentleman die Liebe zu einem Mann erlaubt, der sie erwidert. Alle anderen Liebesdinge sollten Sie nicht aus der schmiegsamen Umgebung entfernen, die ihnen zukommt. Falls der Gentleman es aus den vielfältigsten Gründen zuläßt, um seiner Karosserie willen geliebt zu werden, dann sollte er in der Folge nicht seinen Motor in den Vordergrund rücken: Der läuft leer. Er selbst hat ihn dem Geliebten ausgeliefert, damit er ihn zum Schrottplatz expediert. Was es nicht von Anfang an gibt, wird unweigerlich sterben.

Wenn der Gentleman am Meer dick und häßlich ist, sich aber entblößen will, so wird er versuchen, sich so weit wie möglich zu bedecken, um nicht die Augen unbescholtener Badender zu beleidigen; wenn er sich in einen Tanga wirft, muß er auch sonst wie Divine drauf sein.

Und nun noch ein paar Kleinigkeiten: Niemals, aber auch niemals und aus keinem Grund der Welt darf die Brille diademartig auf den Haaren getragen werden; *stante pede* zu erschießen ist, wer abends eine Sonnenbrille auf den Haaren trägt; ein Gentleman kaut kein

Kaugummi, höchstens die geringe Menge, die ausreicht, um einen frischen Geschmack im Mund zu haben, wenn er im Augenblick keine Gelegenheit zum Gurgeln hat, und dann spuckt er es auch nicht auf die Erde, sondern wickelt es in sein Stanniolpapier, bevor er es im nächsten Mülleimer deponiert, und falls keiner in Sicht ist, steckt er es wieder in die Tasche; falls er einen Lippenstift benutzt, dann aber höchstens einen neutralen *Labello* gegen aufgesprungene Lippen, und den trägt er ohne Verwendung eines Puderdöschenspiegels auf.

A propos! Schönheitsmittelchen

Der perfekte Gentleman benutzt ganz grundsätzlich keinerlei Parfüm, Deodorant oder Spray. Vorsicht mit Cremes, die funktionieren wie Facelifts: Nach nicht mal drei Monaten haben Sie ein perfektes Gesicht, und die Haut ist am Arsch. Dort haben Sie aber bereits welche, Sie brauchen dasselbe weiter oben eigentlich nicht, vor allem, wenn Sie schon ein Bumsgesicht haben.

Einzig von After Shave wird Gebrauch gemacht, und auch nur, wenn man sicher ist, daß es nach eingetretener antiseptischer Wirkung in spätestens einer halben Stunde verflogen ist. Der perfekte Gentleman riecht nach nichts; daher kommt das unwiderstehliche Verlangen, überall an ihm herumzuschnuppern. Wenn du schon wie eine segelnde Fregatte der Düfte aufkreuzt, werden die Leute als erstes mal seekrank, und was sie dann denken, wird als einziges in deinem Kielwasser schwimmen: daß du dich nämlich dermaßen parfümiert hast, um selbst das strikte Mindestmaß an Waschungen zu umgehen.

Unglücklich der Mensch, dem nur eine olfaktorische Krake folgt, die umgehend in die Reinigung gehört. Sie sollten vermeiden, daß man Sie schleudert und zum Auslüften draußen aufhängt; lassen Sie lieber Ihre nackte Haut sprechen, die *in puncto* Öle und Essenzen unendlich mehr weiß als Sie.

Verweigern Sie die Gesellschaft all der Überparfümierten, der tollen Hechte, die einen mit einer Flutwelle von *Tabac*, *Obsession*, *Poison* und *Opium* überschwemmen, sagen Sie einfach, Sie seien Antialkoholiker. Doch gibt es etwas Exotischeres als das Aroma, das wir ungewußt und natürlich verströmen, den Duft unseres transpirierenden Körpers, welcher sich mit dem Duft des anderen transpirierenden Körpers vermischt, ohne olfaktorische Einmischung von anderer Seite? Sie brauchen sich nicht gleich zum Rausch aufgefordert zu fühlen, bloß weil man bei gewissen Dingen entweder dranbleibt oder sich nicht mehr besonders gut zurückziehen kann.

Zufrieden oder Geld zurück, jedenfalls keinesfalls. Perspektiven

Sollten Sie inzwischen begonnen haben, gewisse Dinge zu tun und zu lassen, werden die anderen Dinge, die Sie an sich und in sich noch nicht sehen, wie durch Zauberhand ins Haus kommen und sich Ihnen anschmiegen wie angegossen. Das gestattet Ihnen, schlicht und sublim, streng und stürmisch, splendid und sexy zugleich zu sein. Um diesen Zustand der Gnade zu erlangen, gilt es ein weiteres Problem unserer innerlichen wie äußerlichen Persönlichkeit zu lösen: Es geht um eine größere Bewußtheit der eigenen körperlichen, generationsbezogenen, moralischen, intellektuellen, gesellschaftlichen und ökonomischen Grenzen. Wenn Sie Sie selbst werden, wird nie mehr irgend jemand besser sein als ein anderer. Der Stil liegt in der Beschränkung – ein Goethezitat, dessen Recycling ich nie leid werde.

Der Schwule, der sich heutzutage vornimmt, als Schwuler aufzufallen, kann genausogut in Hongkong eine Sackkarre umwerfen, denn die Lust an der und die Fähigkeit zur Verwunderung haben sich mit Riesenschritten weiterentwickelt. Nur wer als Schwuler vollkommen beliebig und total unschick ist, denkt, wenn er an sich denkt, an einen Schwulen. Schon seit geraumer Zeit sind die Schwulen keine Nachricht mehr wert; jetzt ist der Augenblick der Männer gekommen, selbst die Frauen befinden sich etwas im Niedergang, sie sind nicht mehr in aller Munde. Heutzutage wird ein Schwuler schweigend übergangen, es sei denn, er ist ein Mann. Was statt dessen zieht, ist der Mann, und da es ihn gegenwärtig nicht gibt, ist er schon der Mann der Zukunft. Die Schwulen gehören zur Paläontologie des Geschmacks wie die Goldenen Zwanziger: hübsch zu erinnern, aber ein bißchen zu dezimiert zum Wiedererwecken. Es gilt, das Register zu wechseln, damit sich wieder wie früher singen läßt. Das moderne hohe Ah ist vollkommen neu zu erfinden, eine unbekannte Knospe.

Einmischung vom Autor an den Leser

Da nun einmal die Masse der Schwulen ist, wie sie ist, besteht kein Zweifel, daß ich mich an DICH wende, der du genug Mumm hast, um dich in mindestens einer der Homomanien wiederzuerkennen, die ich *peu à peu* beschreibe, und stark genug bist, um mir recht zu geben (da ich ja recht habe) und dich schleunigst daran machst, Abhilfe zu schaffen. Nicht daß mir irgendeine dieser Homomanien fremd wäre: Ich habe sie alle gehabt und mich von allen befreit. Ich werde andere bekommen, bei denen man mehr ans Laborieren oder ans Laboratorium denken mag, aber ich bin zufrieden, daß ich mich 99 % der schwulen Stereotypen, wie sie bis heute geblieben sind, entledigt habe. Früher schämte ich mich deshalb, und um so mehr, als ich gewiß keinerlei Manie nötig hatte, um mich mit den Männern auszutoben, ganz im Gegenteil, sie waren mir eher hinderlich; der Durchschnittsschwule hat seine Manien, anstatt sie zu identifizieren und auszurotten, in der Eiweißkette seiner Libido verankert, und ohne eine einzige von ihnen würde er sich ganz verloren vorkommen. Ich weiß, daß die Suche nach der allumfassenden Freiheit sexuell so viel erregender ist als die Verteidigung der Versklavung, wenn man schon nichts anderes errungen hat als diese.

Wörter, Anrufungen, Anwürfe und ein Tabu

Wenn Sie sich gerade in Liebesdingen betätigen und ein perfekter Gentleman sind, gibt es einige Dinge, die Sie niemals sagen und eines, das Sie niemals tun dürfen:

a) „Ich bin ganz die deine", „Das tut weh", „Paß auf, daß du mich nicht schmutzig machst". Wirklich blasphemisch ist „Glaubst du an Gott?", wenn es Sie ein vom Blitz Getroffener auf seinem Weg nach Damaskus fragt, beide Beine in der Luft; da kommen Sie nur raus, indem Sie antworten: „Hör zu, Herzchen, ich bin nicht Kardinal Ratzinger, und du bist nicht die heilige Linda Evangelista. Also *ora et bohra* gefälligst alleine!";

b) man sagt niemals „Ich liebe dich!" zu jemandem, der es einem gerade besorgt hat, daß man sich wie eine verderbte Schleimschnecke vorkommt. Viel zu einfach; sagen Sie es doch mal zu ihm (falls Sie dazu in der Lage sind), wenn Sie gerade entdeckt haben, daß er einen anderen ebenso auf Touren bringt;

c) man richtet sich niemals, aber auch niemals die Haare, während man in den Arsch gefickt wird.

Ein Gentleman wirft sich nicht den Pony aus der Stirn, wenn er ihm über die Augen fällt, nicht andauernd und nicht ein bißchen. Da es ohnehin Schicksal ist, daß sich dies alle neunundfünfzig Sekunden wiederholt, läßt sich der Gentleman entweder die Haare schneiden, oder er soll offen und deutlich sagen, daß es keine Marotte ist, sondern unabdingbare Voraussetzung für das Stewardessen-Examen, wofür auch die ganze Tüte grauer Zellen gedacht ist, die er *auf* dem Kopf hat.

Präservativ

Wenn Sie aus Ihrem Partner kommen und ein Präservativ benutzt haben, versuchen Sie es doch so einzurichten, daß mit Ihnen auch das Präservativ herauskommt. Es ist verdammt ungehörig, es da drinzulassen. Einige Männer könnten ein eigentümliches Unwohlsein empfinden, das bis zu vier Stunden am Stück andauern kann, und wegen der gummiartigen Gewebestruktur ihrer Analhöhle wissen sie nicht, was es ist und wo es sitzt: Das soll keineswegs heißen, Latex fiele in Gummi grundsätzlich nicht auf. Wenn Sie es allerdings absichtlich dringelassen haben sollten, aus Rache, dann sollten Sie wissen, daß es nicht mehr als eine vorübergehende Blockierung hervorruft, und es kommt absolut sicher niemals vor, daß es aufsteigt und aufsteigt, bis der Mund des Geliebten es schließlich auskotzt.

Lehnen Sie Erdbeer-, Pfirsich- und Holunderkondome ab, da gehen Sie lieber direkt zum Obst- und Gemüsehändler. Wenn Sie wirklich jede Öffnung mit *Frapan* einwickeln müssen, bevor Sie Ihre Lippen daranheften, dann gehen Sie zu einem Reifenhändler und versuchen Sie, einen Fahrradschlauch davon zu überzeugen, daß „es" so gemacht wird und daß er der Fahrradschlauch Ihres Herzens ist, auch wenn er nicht durchsichtig ist.

Was Tätowierungen betrifft ...

die nehme ich nicht mal in den Mund. Unterschreiben Sie nicht heute Hypotheken auf Ihrem Körper, die Sie möglicherweise morgen bedauern, ohne etwas daran ändern zu können (abgesehen von äußerst kostspieligen und äußerst schmerzhaften Schönheitsoperationen, die schon oft zum Tode durch Sepsis geführt haben). Wir dürfen nicht denken, daß unser Körper, nur weil er so zu uns gehört, wie er ist, sich auch so entwickeln wird wie unser Inneres später. Da wir launisch sind, sollten wir die Tiefenschicht seiner Oberfläche nicht für die Laune eines Augenblicks oder einer Mode in Gefahr bringen. Unser Körper muß uns immer Gesellschaft leisten können und darf nur im absolut notwendigen Mindestmaß angerührt werden – schließlich kümmert sich schon das Leben darum, ihn für uns zu vergiften, aber in gleichmäßigen und für uns fast unsichtbaren Dosen. Wie vielen Menschen bin ich schon begegnet, die voller Tätowierungen waren, derer sie sich aus dem Abstand von zehn Jahren, mit schlaffen Muskeln, dahingegangener Straffheit und zugelegtem Fett zu Tode schämten! Wer sich eine Tätowierung machen läßt, muß sich automatisch *ihr* anpassen, denn auch wenn sie obsolet geworden ist, anachronistisch in bezug auf das, was wir geworden sind, denkt sie überhaupt nicht daran, sich mit dem Lauf der Zeit uns anzupassen! Und all die Täubchen, Drachen, Schlangen, durchbohrten Herzen, Anker, keltischen Kreuze werden zu einer Masse, die sich ausbreiten und verschmieren und zerdehnen und abschlaffen wird, und sie verzehrt in uns weitaus mehr als die Fläche Haut, die wir ihr ehedem gewidmet hatten. Wenn Sie können, halten Sie sich frei von jeglichen Graffiti der Zukunft. Ideal ist es, sich dem Augenblick anzupassen, von denen einer nach dem anderen kommt, anstatt gezwungen zu sein, sich den Augenblicken anzupassen, die bereits vergangen sind. Am Ende leben Sie nur die Irrtümer der Vergangenheit, ohne jeglichen Zugang zu der unvorhersehbaren, frischen Frische Ihrer Gegenwart.

Die größte Eroberung jedes Mannes ist sein innerer Einklang mit *dem* gegenwärtigen Augenblick, der sich ihm anbietet, ohne ihm zugleich die Rechnung für den soeben vergangenen Moment zu präsentieren.

Man stelle sich vor, ich bin sogar dagegen, Darlehen aufzunehmen. Du glaubst an einen Vorteil, weil du dir erlauben kannst, heute etwas zu haben, was du dir erst in zehn Jahren verdient hast. In Wirklichkeit hast du nur heute begonnen, für einen Besitz zu leiden, den du vielleicht nie haben wirst, und zwar aus einem einfachen Grund: Wenn er wirklich dein ist, bist du vielleicht schon nicht mehr da, weder für ihn noch für irgend jemanden sonst. Wie meine Mutter zum Thema Reichtum und Glück zu sagen pflegt: „Lieber einen schönen Mann auf dem Heuboden und ein Stück Käse als einen häßlichen Mann im Bett, der dir einen Braten mitgebracht hat." Was uns lehrt, daß man entweder seiner eigenen Bedürfnisse würdig ist oder sie auf lange Sicht wechseln sollte. Die Wirklichkeit dessen, was wir sind und haben, ist immer erregender als jegliche Phantasie über das, was wir zu sein und zu haben glauben.

Mit neunzehn Jahren ließ ich mir meinen ersten Paß ausstellen, und damals gab es unter anderen inquisitorischen Rubriken auch diejenige des „Berufs". Ich schrieb schon, seit ich zwölf war, aber ich hatte noch nie irgend etwas veröffentlicht oder mit dem Schreiben eine müde Mark verdient, im Gegenteil, ich hatte fleißig ausgegeben, für Papier und Stifte und eine mechanische Reiseschreibmaschine aus zweiter Hand. Ich widerstand der Versuchung, „Schriftsteller" anzugeben, ich schrieb nicht hinein, was ich zu sein glaubte, sondern was ich war und tat, um nicht vor die Hunde zu gehen. Darob machte mir einer schwere Vorwürfe, der viel größer ist als ich, zu dem ich unfreiwillig eine intime Nähe pflegte, während der Winter vorüberging. Er schimpfte: „Wo willst du denn damit hinkommen, wenn du sagst, daß du machst, was du machst? Zumindest ‚Künstler' hättest du reinschreiben können." Über jenen Menschen nachzudenken, der eine Kleinigkeit verdiente, indem er im Restaurant einer Verwandten die Tische abräumte, und der sich Maler schimpfte, nur weil er malte (was er immer noch tut, nicht daß er sich erlöst hätte), verschaffte mir eine Gewißheit: Wenn ich „Schriftsteller" angegeben hätte, wäre ich mein Leben lang Kellner geblieben. Aber ich habe „Kellner" hingeschrieben, ätsch!

Wie man den perfekten Gentleman entkleidet

Man entkleidet ihn wie jeden anderen. Da es sich beim Sex um das Treffen zweier Testosterone handelt und bei der Liebe um das Aufeinandertreffen zweier Stile, braucht er nicht dazustehen und seine Hose auf Falte zu legen, auch wenn es einen herzinfarktfähigen Sex-Appeal haben kann, der eisigen Vernunft eines tapferen Jungen zuzusehen, im Vergleich zu dem emotiven Erguß eines bereits außer Kontrolle geratenen Männchens. Erotik ist (wenn nicht Luft am Siedepunkt) der Punkt der perfekten Symbiose zwischen dem Unmöglichen und dem Unverhofften. Dazu kommt es überaus selten, aber es wird garantiert niemals dazu kommen: a) wenn du schmutzige und zu lange Zehennägel hast oder b) Sportlerfüße, die ein Knoblaucharoma verströmen, sobald du die Söckchen ausgezogen hast; c) wenn du Plastikschuhe ohne Strümpfe trägst; d) wenn deine Unterhosen fleckig sind; e) wenn du an den beiden anwesenden nackten Körpern nur die Mängel des anderen siehst; f) wenn du, um dich auszuziehen, die Filmmusik zu „9 1/2 Wochen" auflegen mußt. Wenn es der Gentleman ist, der auszieht, achte er darauf, daß der Reißverschluß des anderen keine Schläge unter die Gürtellinie landet.

Treue

Es ist leichter für einen Haufen Scheiße, einem Kuchen treu zu sein, der das nicht ist: Die Scheiße teilt sich den Kuchen auf, der nun mal aufgeteilt wird, aber der Kuchen muß sich meistens die Scheiße ganz alleine reinziehen. Wer über die Untreue seines Geliebten weint, hätte für gewöhnlich gute Gründe, über seine eigene fäkalische Treue zu lachen.

Einmal antwortete meine Mutter einer Nachbarin, die mit einem kleinen häßlichen dunklen Ehemann gesegnet war, auf deren Andeutungen über die Hörner, die ihr mein Vater aufsetzte: „Wenn mein Mann auch was mit anderen hat, dann deshalb, weil schöne Dinge nun mal allen gefallen. Dir dagegen könnte man nur durch die Gnade der göttlichen Vorsehung Hörner aufsetzen."

Unter zwei verliebten Gentlemen geht es nie um die Frage von Treue oder Untreue, sondern vorrangig um die Beachtung von Geschlechtskrankheiten. Solange keiner der beiden kleine Souvenirs oder letzte Erinnerungen an den heimischen Herd schleppt, sind beide die Treue in Person. Die Treue des Geistes ist wichtig, die Treue des Körpers noch viel mehr.

Die Religion der Religionen

❧ Der perfekte Gentleman hat keine Glaubensgrundsätze; er befreit sich von denen, die er mitbekommen hat, und ersetzt sie niemals durch andere. Das Leben der Bars, Straßen und Pizzerien, kurz: das Leben, ist so absurd, daß es durchaus auch einen absurden Gott geben könnte, der auf seine Weise die menschliche Spezies absurdisiert. Lassen Sie sich nicht so weit vernebeln, daß Sie glauben, im Dunst klar zu sehen. Sie glauben, Sie würden Gott anbeten, und in Wahrheit knien Sie mit Ihren Lieben auf einem Kirchplatz und beten eine Diva an.

Sowas von kulturellem Kaliber

❧ Dieses Bändchen und seine Lektüre werden dir nur dann nützlich sein, wenn dir bis jetzt klar geworden ist, wie mittelmäßig du bist und daß du, der du dich für Miß SUPER hältst, in Wahrheit nichts weiter bist als ein stupider, dämlicher, bangloser, lahmer, ungebildeter, ignoranter Spießer, ein tuntiger Abklatsch all der armen Dinger ohne Grütze im Hirn, die wie du dem geschriebenen Wort abhold sind und allesamt mit dem Schwänzchen wedeln vor dem Fetisch des Gesamtkitschwerks, das aus ein bißchen Oper, ein bißchen klassischer Musik, ein bißchen Tekkno, ein bißchen Fotografie, ein bißchen Kino und viel Fernsehen besteht. Aber Kopf hoch, nicht gleich schlappmachen: Ich schüttle ja nur ein paar abgestorbene Zweige, damit frische Säfte zur Blüte kommen. Ich stutze dich bloß ein bißchen, Hauptsache, du blätterst weiter in mir herum.

Ich breche dir nur ein paar Zacken aus deiner Blech-, Flaschenhals- und Straßkrone, die dir kerzengerade auf dem Kopf sitzt wie ein Dogma, aber ich schenke dir dafür andere Juwelen, geschliffener und leuchtender, und ich tue es genau deshalb, weil du sie nicht haben willst, weil du sie von mir nicht haben willst, genau deshalb, weil du zu mir sagst, wer hat dich denn nach deiner Meinung gefragt? Ich diene dir als Versuchskaninchen: Hasse mich ruhig, wenn du dich selbst dafür ein bißchen mehr liebst. Meine Liebe zu dir ist entwaffnend und grenzenlos und nicht zu bremsen, du kannst mich gar nicht darum bitten, dich nicht mehr zu beschenken, nicht mal aus bloßem Egoismus und Eigennutz. Mit dem kleinen Unterschied, daß ich, aus bloßem Egoismus und Eigennutz meinerseits, dir das Leben geschenkt habe; *peu à peu*, Buch um Buch, habe ich erkannt und andere allmählich zur Erkenntnis gebracht, daß sich dort, wo man nur das Gewusel eines Ghettos sehen wollte, eine universelle *condition humaine* verbirgt.

Vom Papyrusrohr bis zum Feigenblatt, von den Birken bis zu den Palmen: Keine Knospe ist lebendiger und fruchtbarer als eine, die zuvor aus Papier gewesen ist. Wer die Überlegenheit des Geistes nicht begreift, der weiß auch nicht nach dem Vorrang fleischiger Früchte zu greifen.

Rotlichtcruisen oder Wie man lernt, sich im Apollo-Kino aufzuhalten (A)

In Wirklichkeit haben diese öffentlichen Orte wenig Öffentliches an sich, selbst die Vertreter der öffentlichen Ordnung gehen mit ihrer Uniform hinein, als wären sie in Zivil, und das heißt, sie gehen wie alle anderen als Mit-Glieder hinein. Es handelt sich, anders ausgestöhnt, um nicht anerkannte Clubs, Zutritt nicht nur für Befugte. Hier trifft man äußerst selten auf die Kleinfamilie, die sich mit Eis und Popcorn wappnet, um die neuesten Prüfungen von Ercolina Luxury oder Rocco Tano zu verfolgen, weil sie „Der Hengst und die Hündin" für die Fortsetzung von „Komm nach Hause, Lassie" gehalten hat. Die Zuschauer sind mehrheitlich ältere Semester in den letzten Reihen (wo gecruist wird) und isolierte Jünglinge in den ersten (wo nicht gecruist wird), dazu manchmal ein rarer Paradiesvogel, der um Punkt fünfzehn Uhr eingetroffen ist, er sagt zu niemandem nein, egal in welcher Reihe er sich häuslich niedergelassen hat, er wechselt seinen Platz kein einziges Mal, und um Mitternacht ist er immer noch da und macht der Kassiererin Scherereien: Arzt, Krankenwagen, Polizei in echten Uniformen usw. usw. Man weiß ja, wie das ist, wenn ein Wildfremder plötzlich einen Herzinfarkt kriegt.

Manchmal gibt es auch Ausnahmen: einen Alten in den ersten Reihen, der nicht cruist, und einen Jüngling in den letzten, der sich cruisen läßt, weil es ihm Spaß macht, dich ertasten zu lassen, wie ihn diese Premiere erregt, und dich dann mit der Pistole zu bedrohen, falls du versuchst, weiter zu gehen – oder auch, falls du versuchst, weiterzugehen: zum nächsten Objekt.

Die Leute, die ins Pornokino gehen, sind vergrätzt, verloren, verlobt oder verheiratet, Menschen, die aus irgendeinem Grund ans Ufer des Ozeans der Sexualität gespült worden sind, und dabei spielt es keine Rolle, ob sie gerade erst achtzehn geworden sind. Die Mehrheit dieser Besucher, die mit ihren Reißverschlüssen nur erschröckliche „Srih-Srih"-Laute ausstoßen wie der Waldbaumläufer, hegt eine geheime Hoffnung: daß für die bescheidene Summe von zehn Mark – oder sechs, für Senioren – früher oder später im Sitz nebenan Kim Basinger auftaucht, sich zügig rittlings auf seine Knie setzt und ihm zuwispert: „Ciao Salvatore, ciao Mimmo, ciao Pasquale, ciao Giordy: Ich bin's, Kim, mach doch mal die Hose auf."

In Anbetracht der Tatsache, daß Kim nur selten vertraglich gehalten ist, dem Gewinner des x-ten Preisausschreibens im Auftrag von CINEMA – „Ein Nachmittag mit Kim" – Derartiges zuteil werden zu lassen, sind fast alle, die einmal den Hosenstall aufgemacht haben, letztlich auch mit der erstbesten Männerhand zufrieden, die denselben Dienst erfüllt, auch wenn keine Kino- oder Sportzeitung das so promotet oder lanciert.

In einem Kino, wo zwar keine Spielfilme, aber doch lauter Spiele und Spielchen stattfinden, sind allerdings strengere Benimmvorschriften angebracht als im Buckingham Palace, schließlich sind wir zugleich an einem öffentlichen Ort, an einem privaten Ort und in einem Tempel der Initiationen und Rituale: Wir sind an dem nicht-existenten Ort im Kopf eines jeden, der existiert, und kein Mensch weiß, wo das ist.

Auch hier soll das Prinzip des Respekts vor den Utopien gelten – sie sind sowieso jämmerlich –, die jeder in seiner eigenen dunklen Ecke hegt, wo er seit zwanzig oder dreißig, ja, vierzig oder fünfzig Jahren und mehr seine zerbrochenen Träume, seine beißenden Frustrationen, seine hemmenden Schuldgefühle und all den angeblichen Verrat von Ehefrauen, Freundinnen und Verlobten oder, noch schlimmer, deren überkommene Gleichgültigkeit gegenüber den jeweiligen Gatten, Freunden und Verlobten hingestopft hat. In gewisser Weise waren die ja alle einmal Verwandte und Geliebte und wurden erst später zu anonymen Silhouetten, mit Brief und Siegel von der GEMA, auf einem Plastikbildschirm, auf den unberührbare Körper projiziert werden, nicht-zugängliche Sexualakte und virtuelle Orgasmen. Die Stimmung ist schwindelerregend, und in jedem einzelnen Zuschauer brütet eine Ladung Aggressivität, die beim geringsten Anlaß explodieren kann – etwa falls er tatsächlich dort ist, um sich tatsächlich einen runterzuholen, und zwar allein in einer Sitzreihe, in der er tatsächlich ganz allein und neben niemand sonst sitzen will. Deshalb steht es mir nicht zu, jenes riskante Verhalten des Homosexuellen zu analysieren, der das Tabu der ersten Reihen bricht, wo in stiller Übereinkunft die Männer nicht von anderen Männern gestört zu werden wünschen, sondern höchstens eventuell von der Goldenen Kim; ich behandle nur das Verhalten in den letzten Reihen, wo man sich bewußt niederläßt, um gestört zu werden und zu stören, wo man hingeht und sich hinsetzt, um der guten Kim zu versichern, daß sie unsereinen doch bitte links liegenlassen und weiter nach vorn schreiten möge, sollte sie etwa auf Druck ihres Sponsors im hautengen Kleid den Saal entern.

Betrachten wir nun den ersten Typus dieser Besucher, den Ausgehungerten-aber-Unentschlossenen, der sich Marke frenetischer Brummkreisel von einem Platz zum anderen setzt, jedem neuen Schatten hinterherhetzt, der vom Treppenaufgang her kommt, der keinen Frieden hat, sich keinen läßt und ihn anderen bloß raubt, der dir den Nachmittag verdirbt und sich vielleicht sogar mit regelrechten Sprints und Hechtsprüngen zwischen den Knien und Sitzen noch vor dir auf jede neue Erste Liebe stürzt, die aus den ehemaligen Seitenkulissen auftaucht. Normalerweise ist er jung und hochgewachsen, es gibt ihn aber auch in weniger jung und untersetzt. Wenn du ihm mit den Augen zu verstehen gibst, wie sehr du ihn für sein Verhalten verachtest, das daran schuld ist, wenn die legitimen Hoffnungen von etwa zwanzig weiteren, schüchterner oder diskreter wartenden Personen die Beine breit machen, dann fixiert er dich, als wollte er dich fragen: „Hast du etwa das ganze Kino gemietet? Für wen hältst du dich eigentlich?", und schon überholt er dich mit voller Fahrt, Richtung allerneueste Fratze in Hosen.

Was ist nur mit diesem Typen passiert? Ganz einfach, er hat sich gehenlassen, sich zu vielen Sehnsüchten und Bedürfnissen und Trugbildern auf einmal hingegeben, zu vielen für einen einzigen Ort. Dies ist ein Mensch, der unfähig ist, seine Aufmerksamkeit auf ein Subjekt zu konzentrieren, da ihn zu viele Objekte heimsuchen, und er hat vergessen, daß die Sexualität niemals unabhängig ist von dem Ort, an dem man sie ausübt, daß es vielmehr der Ort ist, der die Sexualität bestimmt. Wer in ein Pornokino geht, um seinen Traumprinzen auf dem zugehörigen stolzen Schimmel zu finden, der sollte sich

lieber an die Partnervermittlung *Einsame Herzen???
Verwandte Seelen!* wenden, und wenn er hingeht, um
Hof zu halten, dann wäre es für alle Beteiligten besser,
er lernte schleunigst die Taubstummensprache. Der
Respekt vor dem Genius loci bezeugt ein Bewußtsein
davon, daß die Geographie die Bewohner beeinflußt
und nicht umgekehrt, und das gilt noch viel mehr,
wenn diese versuchen, jene zu vergewaltigen und der
eigenen Willenskraft und Potenz zu unterwerfen. Der
perfekte Gentleman weiß, daß es bei der Wahrschein-
lichkeitsrechnung, ob seine Wünsche befriedigt werden oder nicht, fast ausschließlich davon abhängt, wie
die Stimmung ist. Der einzige Weg, in einem Pornokino distinguiert und elegant zu wirken, besteht darin, im Parkett das zu tun, was auf der Bühne die
Schauspieler tun, die uns Glotzaffen dabei ignorieren.
Man muß es ihnen mit gleicher Münze heimzahlen, zu
den Taten übergehen und jenes Filmchen selber drehen, das nur einmal und unwiederholbar gezeigt
wird. Den Gentleman, der sich dort befindet, erkennen Sie sofort an der Tatsache, daß er, kaum hat er sich
hingesetzt, den Kolben rausholt, bearbeitet und Ihnen
zum Verkosten darbietet.

Das Nonplusultra der Eleganz besteht darin, die
Ziellinie als erster zu überschreiten, kaum daß man den
Parcours zurückgelegt hat. Sublim ist an einem Ort, der
keinen Zweifel über die Motive unserer Anwesenheit
dort läßt, alles, was einer Deklaration gleichkommt:
Nur ein Mann, der nicht dort hingekommen ist, um
geheimnisvoll zu tun, verfügt an diesem Ort über das
Faszinosum des Geheimnisses. Das Geheimnis liegt,
wenn überhaupt, in der Frage, warum ein Mann von

solcher Klasse und oft auch von solchem Gewicht dort gelandet ist: müßige Frage. Ein Mann von solcher Klasse ist genau deshalb dort, weil er die Klasse und den Schwanz hat, die er hat. Er ist sich dessen gewiß, was er will, was er anzubieten hat und was er erwartet. Jede weitere Drehung und Wendung käme einem Umweg im Gänsemarsch gleich, und leider sind in einem Pornokino oder einer Schwulensauna mehr Gänse als Gentlemen zu finden.

Wenn Sie in ein Pornokino gehen, tun Sie das mit der festen Absicht, in Gesellschaft abzuspritzen, und zwar nach Ihrem Geschmack, und nicht, weil Sie ganz aufgewühlt ob der letzten Dinge der Existenz erbeben. Man weiß doch sowieso, daß alles auf ein Mißtrauensvotum gegenüber der Regierung Amato hinausläuft oder auf das Revival der Siebziger, Storch im Salat in der Alten Welt der Mode. Alles, was von der Ziellinie ablenkt, die durch die Tatsache bestimmt ist, daß Sie auf dieser Rennbahn sind und nicht im Palazzo Quirinale oder auf der Mailänder Modemesse, ist einfach ordinär.

Die Perversion von Tunten kennt fast keine Grenzen: Sie bringen es fertig, die schönen Statuen zu mimen und die Prinzessinnen auf der Erbse, auch wenn drumherum nur Kinderkarussell und Spritzpistole stattfinden; sie tun immer so, als befänden sie sich nur irrtümlicherweise dort oder weil das Schicksal grausam ist, und eigentlich hätten sie was Besseres verdient. Damit stören sie aber nur die wahren Wohlmeinenden. Sie erwarten, daß ihnen einer Avancen macht, damit sie ein Stück zur Seite treten und ein selbstgefälliges Schnütchen ziehen können, keiner ist ihnen recht, und der Schatten, der sich da auf der Treppe abzeichnet, ist bestimmt besser als der Mann in Fleisch und Blut und Erektion, den sie schon bei der Hand haben. Bringt sie um, indem ihr sie ignoriert. Wer sich Gentleman schimpft, ist gehalten, sich beim Cruisen als Aktiver nicht zu verweigern; und als Passiver hat er den Kopf in den Wolken: Das ist das Recht der Elegantesten, es mit dem Kopf in anderen Sphären zu tun. Wer aktiv cruist und dabei Beharrlichkeit und Diskretion zu vereinen weiß, verdient eine Belohnung, eine zusätzliche Solidaritätsgeste, ein Zeichen unserer Wertschätzung, auch wenn er uns persönlich nicht zusagt.

Wenn jemand, der Ihnen nicht gefällt, sich neben Sie setzt, stehen Sie nicht umgehend mit angeekeltem Gesichtsausdruck auf. Vergessen Sie nicht: Wie du mir, so ich dir, und im Leben kommt immer der Moment, da ist man selber dran, Ablehnungen und Schroffheiten einzustecken. Warten Sie ein paar Minuten ab, bestimmt überlegt sich der Häßliche, Unsympathische, Abstoßende neben Ihnen noch seinen nächsten Zug und hat bisher weder Ihr Knie noch Ihren Ellbogen gestreift, und wechseln Sie dann den Platz. Jede Beleidigung, die Sie anderen ersparen, ist eine Beleidigung weniger, die das Leben für Sie bereithält. Wenn derjenige bereits seine Hand nach Ihrem Hosenstall ausgestreckt hat, legen Sie sie anmutig zur Seite, schütteln Sie das Kinn mit einem Lächeln, und Sie werden sehen, der andere, der ja auch ein Gentleman sein könnte, wird seinen Platz von sich aus wechseln. Falls er dies nicht tut, falls er hartnäckig bleibt, falls er ein spießiger Blutegel ist, falls er Sie zu meilenweiten Wegen zwingt, nur um ihm zu entrinnen, versuchen Sie, ihn irgendwann mit einem eruptionsschwangeren

Blitzesblick zu erledigen. Wenn auch das nichts bringt, versetzen Sie ihm einen Stoß von hinten, schubsen Sie ihn die Treppe hinunter, aber tun Sie es auf freundliche Weise, wenn möglich, ohne daß er merkt, wer es gewesen ist. Geduld ist die Waffe der Starken; und ein Starker verliert sie nur aus wohlweislichem Grunde. Es ist nicht nötig, alles immer Hals über Kopf anzugehen, und es ist sicher kein Tête-à-tête, das Sie aus der Ruhe bringen kann, davon haben Sie schon mehr als eines erlebt. Knochenbrüche an Ferse, Oberschenkelknochen oder Schlüsselbein sind immer zu rechtfertigen, aber sich die Augen auskratzen, das nicht.

Wievielen von Ihnen ist es wohl schon passiert, auf den Typus zu stoßen, den ich „Parasit" nenne? Das ist einer, der niemals irgend jemanden erobert, sondern abwartet, bis ein anderer jemanden aufgegabelt hat, um sich seine Scheibe von dem Kuchen abzuschneiden: Er stellt sich vor Sie, hinter Sie, neben Sie mit gehißter weißer Fahne, er folgt Ihnen auf und ab, rein und raus, beschattet Ihre Wege, steckt seinen Kopf – und haut nicht mal ab, wenn Sie ihn anschreien oder die Fäuste schwingen – durch die Wand zur Nebenkabine auf dem Klo. Normalerweise handelt es sich um einen christdemokratisch-separatistischen Assessor vom Gardasee oder einen katholisch-kommunistischen Sozialisten aus den tiefsten Sümpfen der Toskana. Er trägt Trauer und eine dicke Brille, und die eingekerbten Züge seines Gesichtes à la Altsioux sind geprägt von Pockennarbenkratern, er ist tropfnasig, schmallippig und verströmt unübersehbar ein subalternes Kann-ich-doch-nichts-für, Typ Mein-Name-ist-Hase, selbst wenn er gerade in drei Sekunden vom Rang ins Parkett geschwebt ist und Sie dort erneut gestellt hat, Sie beide, die Sie es gewagt haben, ihm eine Sekunde lang zu entfliehen. Der Parasit ist ein Verfolger von Natur. Ärgerlich nur, daß Ihr Partner meistens weniger entschlossen ist als Sie und kein Theater will. In meinem Fall lief es immer so, daß ich den Parasiten schließlich beim Jackenrevers packen und rauszerren mußte oder es jedenfalls versuchen, um ihm ordentlich eins hinter die Löffel zu geben, und er fing dann an rumzubrüllen: „Du weißt ja nicht, wer ich bin: Scheiß-Arschficker!", und mit dem Scheiß-Arschficker meinte er nicht etwa sich selber, sondern mich! Er war sich ganz sicher, daß ich nun lockerlassen würde, aber ich kann mir noch mehr als jeder andere erlauben zu schreien: „Jetzt will ich dich aber mal genauer betrachten, du verheirateter Wichser!" und andere Freundlichkeiten dieser Art. Doch inzwischen hatte mein Partner natürlich die Flucht ergriffen, und alle anderen hatten sich ihm entweder angeschlossen oder waren zu mir gekommen (nie zu dem Parasiten!), um mir vorzuwerfen: „Willst du, daß dieses Kino auch noch geschlossen wird?" Damit wir uns recht verstehen: Ich bin natürlich für die Schließung keines einzigen Kinos auf der Welt verantwortlich, aber wer weiß, was die Mehrheit der Leute von mir denkt.

Im übrigen sollte jeder in einem Pornokino auch das Recht auf ein wenig Besinnlichkeit haben, was nicht heißen soll, daß diese Besinnlichkeit weniger besinnlich wäre, weil sich ihr zwei Leute zwischen den Sitzen oder auf einem Treppenabsatz oder hinter einem Vorhang gemeinsam hingeben. Die Tatsache, daß sie sich so unschuldig entblößen, sollte die Liebenden für alle Augen unsichtbar machen. Wer an ihnen vorbeigeht, sollte stracks geradeaus streben, ohne sich an irgend etwas zu stoßen: Was da gestoßen wird, hat mit Ihnen nichts zu tun. Es besteht jedoch noch eine weitere Möglichkeit: daß die zwei, wenn nicht schon drei, sich deshalb auf den Präsentierteller gesetzt haben, weil sie ein offenes Duett oder sonstiges -ett sind und darauf warten, ein Quartett, Quintett etc. zu bilden: kurz, eine Orgie zu veranstalten. Mir gefällt ja alles, was gruppenorientiert ist, viel, viel besser als das, was zu zweit stattfindet: denn zu fünft wird mitgezählt, zu zweit weiß man doch nie, wie viele eigentlich da sind. Zwei Leute stehen sich oft gegenüber, um den Gänsemarsch von Projektionen an sich vorbeiziehen zu lassen, den sie hinter sich herschleppen.

Zu fünft gibt es keine ausgefallenen Ansprüche psychologischer Natur, zu zweit können sie von einem Augenblick zum anderen aus den tiefsten Höhlen hervorkommen, Leichen aus dem Keller. Es kann passieren, daß Sie der andere ausdrücklich darum bittet, zu vergessen, wer oder was Sie sind, und statt dessen ein chinesisches Schattenspiel zu türken, ihm mit Stock und Stein gewisse Bedürfnisse zu erfüllen, die vielleicht sein Vergnügen steigern, das Ihre jedoch mindern, da er Sie zum austauschbaren Instrument einer Befriedigung macht, von der Sie ausgeschlossen sind. Der würde jeden anderen genauso fragen, ohne sich auch nur herabzulassen (oder dazu fähig zu sein), sich und Sie oder sich und irgendwen als eine neue Einheit zu „fühlen"; es handelt sich um eine bloße Wiederholung, bei der die Rollen ein für allemal verteilt und festgeschrieben sind, in einem litaneiartigen Ablauf aus psychotischen Konstruktionen, der in festgezurrter Kettenreaktion auf

Phantomfiguren angewandt wird. All das geschieht zu fünft absolut niemals: Da sind Küsse bloße Akte der Libido, nicht Ausdruck einer Liebe, die nach langer Unterdrückung nunmehr überschwappt – oh, ist es nicht furchtbar peinlich, an der übertriebenen Aufladung mit Zärtlichkeit und Gefühl zu merken, daß man es nicht mehr mit einem Mann zu tun hat, sondern mit einem Schmerz, der sich Bahn bricht, der Seifenblase eines Traumes, die zerplatzt? Ist es nicht störend und verstörend, wenn man sich unversehens in den Armen eines Unbekannten wiederfindet, der einen küßt und leckt und atemlos und zärtlich unverständliche Worte raunt, der einen aufgestauten Orkan der Leidenschaft auf einen niedergehen läßt, und man weiß sehr gut, daß man nichts getan hat, um das zu verdienen? Ist es nicht peinlich, sich bewußt machen zu müssen: Je verzweifelter, aufgewühlter und entfesselter Sie ein Unbekannter liebt, desto weniger liebt er *Sie*? Ich persönlich, wenn ich mit so viel, mit allzu viel fulminanter Hingabe an die Sinne und dem Fallenlassen jeglicher emotionaler Hemmung konfrontiert werde, ich ziehe mich zurück, ich streichle kurz das kleine Kind in ihm und verflüchtige mich. Wenn ich einem Vierzigjährigen begegnet bin, habe ich doch keine Lust, den Päderasten abzugeben.

Schaut sie euch bloß an: Da stehen sie, umklammern sich wie zwei Schiffbrüchige auf einem winzigen Floß, inmitten der schäumenden Wogen und der Grausamkeiten des Daseins, und seht nur, wie ihre Münder aufeinanderkleben, als saugten sie von dort das einzige bißchen Süßwasser in einem Meer von Salz, und ihre Hände suchen den Körper nicht etwa überall ab, sie erfinden immer neue Windungen und Wendungen, ohne jemals die oberen, die noblen Partien zu verlassen: den Hals, die Schulter, die Haare, das Ohr; seit einer halben Stunde treiben sie das nun schon, und Sie denken, da haben sich zwei verwandte Seelen gefunden, vielleicht kannten und liebten sie sich insgeheim schon seit Jahren, und heute sind sie sich hier ganz zufällig begegnet, hier haben sie mit dem Rücken zur Wand gestanden und sind einander in die Arme gefallen, und gleich werden sie gemeinsam das Kino verlassen und von nun an unzertrennlich sein, und da plötzlich geschieht es, daß der eine – durch Zauberhand, keine wirkliche – kommt, der andere folgt ihm darin nur selten, so konzentriert war er darauf, den ersten abspritzen zu lassen, und Ihr Blick folgt ihnen, etwas vom Neid vernebelt, weil das Schönste erst jetzt kommt, nachdem sie einmal hier raus sind; sie werden sich mit so vielen Dingen befassen müssen, die sie vorher nicht erwähnt haben, das Warum und Wieso des wilden, ekstatischen gegenseitigen Überfalls, den sie gerade durchlebt haben und schleunigst irgendwo anders wiederholen wollen, und Sie drehen ihnen den Rücken zu, freuen sich mit ihnen, tja, und fünf Minuten später? Sehen Sie da nicht einen der beiden auf Knien, wie er einem anderen einen bläst, ohne jegliche Erinnerung an die große Liebe, die er vor fünf Minuten gefunden hatte, die Liebe eines ganzen Lebens?

Wenn ein Unbekannter seine eigenen Gründe hat, Sie mit derartiger Heftigkeit zu lieben, dann heißt das ganz einfach, daß die Sache nichts mit Ihnen zu tun hat. Wenn Sie auch nur ein Fünkchen Sensibilität für die

Wirklichkeit haben und nicht bloß für das Manna, das von den oberen Rängen herniederregnet, dann werden Sie begreifen, daß er keine Liebe zu geben hat, nur einen Haufen Probleme, die er eine Zeitlang zum Schweigen bringen will, und daß Sie, den er so augenfällig im Herzen zu tragen scheint, daß er Sie überall küssen und mit unendlichen Liebesschwüren überhäufen muß, die ihm aus tiefster Seele kommen, daß Sie am allerwenigsten zu tun haben mit all dieser Verzückung, die so dramatisch wahrhaftiger ist als die Wahrheit. Also ehrlich gesagt, mich schaudert ein bißchen bei dieser hochverfeinerten Vortäuschung.

Und wieder ist das Problem semiotisch-diagnostisch-linguistischer Natur, das heißt, metastatisch-pedantisch: Wenn einer den Erstbesten derart liebt und dabei die gesamte Palette der Gesten und Stimmungen seines Körpers nutzt, all die haarfeinen Verseufzungen eines Atemapparats und gar einige Flüsterwörter, die tabu sind – wenn einer Sie so liebt und Ihnen dann noch nicht mal tschüß sagt, sobald seine Verzückung beendet ist, was wird er tun, wenn er wirklich jemanden liebt? Wie soll er eine tiefere Tiefe finden, da er schon die Imitation jeder vorstellbaren Tiefe mit Menschen ausprobiert und verbraucht hat, die er nicht liebte? Ein Gentleman mit Charakter läßt sich in sexuellen Beziehungen nicht übermäßig gehen, und er gestattet vor allem seinem Hunger nach Zuwendung nicht, an den falschen Orten das Heft in die Hand zu nehmen, und schon gar nicht mit echten Menschen, die doch immer wahrhaftig und gerecht sind. Fast jedesmal geschieht es aus Schwäche und einer substanziellen Unfähigkeit zu lieben, wenn jemand alle Hemmungen verliert und irgendwann jede Bewegung des Schwanzes und jeden Kuß des Arsches mit unerwünschter Spiritualität einfärbt. Der Gentleman beleidigt niemals den anderen, indem er ihm einen unverlangten Gefühlserguß ohne Hand und Fuß zuteil werden läßt, denn dies blockiert das eventuelle und stets zaghafte Gefühl der Anerkennung des anderen völlig. Leider sind es immer diejenigen ohne Herz, die es auf der Zunge tragen, während sie mit den einzigen Ausdrucksmitteln geizen, die sie ganz bestimmt haben, falls es stimmt, daß wir alle gleich sind. Ein Gentleman läßt diese sprechen, wobei er darauf achtet, ihnen nie mehr Stimmrecht zu geben, als sie überhaupt haben können. Wenn es Ihnen also geschieht, daß Sie auf ein Paar stoßen, das im Niemandsland vor Sex strotzt, ist es durchaus zulässig, einen Versuch zu unternehmen, sich diesem anzuschließen, falls Ihnen die Sache zusagt – ich ziehe dieses allen anderen Arrangements vor, weil es demokratisch, wenig verpflichtend und im Resultat absolut gleich ist – und falls Sie das Gefühl haben, den beiden sagt es ebenfalls zu; werden Sie wenig huldvoll empfangen, drehen Sie sich sogleich auf dem Absatz um, denn vielleicht wollen die Herren wirklich allein sein, oder vielleicht sagen gerade Sie dem Duett nicht zu. Wenn Sie gelernt haben, freundlich zurückzuweisen, werden Sie niemals unfreundlich zurückgewiesen, allerdings nicht, weil Sie auf das Taktgefühl der anderen zählen könnten, sondern weil Sie von selber gelernt haben, sich schleunigst zu verdrücken, ohne besondere Bitterkeit dabei zu empfinden. Man kann nicht allen gefallen, und oft gefällt man auch niemandem mehr. Dann kann man das hektische, nervige Anmachen genausogut gleich lassen: Setzen Sie sich lammfromm hin, und Sie werden sehen, auf der Stelle wird Sie der Irre umwerben, der wie maßgeschneidert zu Ihnen paßt. Etwas Besseres könnte Ihnen gar nicht passieren. Nicht im Apollo.

Sperma und seine Entsorgung (B)

Beim Gang ins Kino sollte man sich mit Papiertaschentüchern, Gleitcreme und Präservativen bewaffnen – und zwar mit mehr als einem, nicht weil das erste reißen könnte, sondern weil Sie ja vielleicht erst ab Numero drei auf den Geschmack kommen. Oft hat man jedoch keines dieser Utensilien bei der Hand. Was die Gleitcreme betrifft, hätten Sie ja schon zu Hause dran denken können; so nehme ich's mir jedenfalls immer vor und tue es nie. Ich verwünsche mich regelmäßig für diese Vergeßlichkeit – und besonders heftig dann, wenn ich nicht gerade auf einen treffe, der sein Vaselinetübchen dabei hat, was doch das Menuett immer etwas geschmeidiger macht. Vergessen wir nicht, daß man oft an eher beengten Orten tätig ist, von einer gewissen Hast ergriffen, und man kriegt es nicht mal fertig, sich zu bücken, um für das dringend nötige Mindestmaß an Einspeichelung zu sorgen, eingekeilt zwischen einer Tür ohne Riegel, die es mit einem Fuß oder dem Rücken zu blockieren gilt, dem kaputten Klo, wobei der ebenfalls kaputte Klodeckel gegen ein Bein baumelt, und den streifenartigen Spuren der Vorgänger an den Wänden und am Boden, denen Sie, falls Sie mit einem Tausendmarks-Anzug bekleidet sind, krampfhaft auszuweichen suchen, freilich vergebens.

Haben Sie also keines der drei Utensilien dabei, vor allem keine Taschentücher zum Abwischen, fangen Sie nicht an, den Freunden, denen Sie zufällig hier begegnen, zur Begrüßung herzlich, aber aus anderen Beweggründen auf die Schulter zu klopfen. Hinterlassen Sie auch keine Kleckse und Kräuselhärchen auf den Sitzen: Früher oder später sind Sie derjenige, der sich draufsetzt. Jedes Kino dieser Art, das nie, aber auch absolut niemals Toilettenpapier zur Verfügung stellt (jedenfalls in Italien nicht), verfügt hingegen über erstklassige Vorhänge aus rotem Chenille oder altem purpurnem Samt: Nutzen Sie diese hemmungslos, anstatt, ich wiederhole, das allgemeine Dunkel und irgendwelche Freunde zu benutzen und sich die Finger am Gewand Ihres Nächsten abzuwischen. Sollten Sie Papiertaschentücher bei sich tragen, achten Sie darauf, stets das erste, das Sie herauszunesteln vermögen, Ihrem Partner anzubieten. Verbreiten Sie niemals Hektik, zumindest nicht nach beendeter Kopulation, gehen Sie nicht ohne Gruß davon, und vor allem: Tauschen Sie keine Telefonnummern aus. Wenn Sie und er dort sind, so deshalb, weil keiner von Ihnen beiden je eine der zuvor gesammelten Telefonnummern angerufen hat. Rennen Sie nicht hin und her, um bei der Kassiererin Papier und Stift zu erbitten, sie ist schon seit Jahren da und könnte am Ende Verdacht schöpfen.

Ich brauche nicht zu betonen, daß sich persönliche Hygiene dringend empfiehlt – zumindest äußerlich, angesichts der Unmöglichkeit, die Hygiene von Bakterien und Viren zu garantieren. Waschen Sie sich vor dem Verlassen des Kinos. Achten Sie darauf, sollten Sie ihn bereits in einen Mund gestippt haben, eben kurz abzuspülen, bevor Sie ihn in den nächsten Mund stippen, was umso mehr gilt, falls Sie diesem letzteren Mund bisher noch keine Stippvisite abgestattet hatten. Und dann auch noch ohne Präser. Manch einer schätzt einen gewissen Firnis der Erfahrungen, aber beileibe nicht jeder. Sie könnten auf einen Pedanten treffen, der jedes Haar viermal spalten muß, bevor er es wieder aushustet, und den Unterschied zwischen einem Schwanzhaar (oftmals kraus) und einem Haar vom Vorgängerarsch (oftmals eher langgezogen) sofort zu erkennen weiß. Im übrigen hat angetrocknete Spucke einen unverwechselbaren Geruch, der nur den Hartgesottensten zusagt.

Dann folgt die Körperhygiene daheim, nach Ihrer Rückkehr: Es gibt ein hervorragendes Produkt, von der Firma MOM natürlich, gegen die menschlich-allzumenschlichen Parasiten. Dies ist ein Shampoo, ganz einfach: einschäumen, zehn Minuten lang sein Bukett entfalten lassen und dann ausgiebig nachspülen. Benutzen Sie es umgehend, vor allem, wenn Sie nur ein Badezimmer im Hause, dafür aber mehr als einen Sohn im Nachschulalter haben, dazu eine Frau, die halt so ist, wie sie ist, aber deswegen nicht unbedingt in die Lage gebracht werden sollte, sich wegen Ihrer Nächstenliebe dauernd zu kratzen. Schließlich ist es doch viel heimeliger, wenn alle dasselbe Handtuch benutzen.

Ich rate im allgemeinen davon ab, sich in formaler oder kostspieliger Kleidung in ein Pornokino zu begeben. Allein an Schuhen hätte ich ein beachtliches Kapital einsparen können, wenn ich besser darauf geachtet hätte, und oft habe ich mir ausgerechnet, daß, bei den Preisen der Reinigung heutzutage, die Eintrittskarte eines Pornokinos ungefähr genauso teuer kommt wie der Hausbesuch des schönsten Callboys aus Amsterdam oder Sydney – hab ich mir sagen lassen, denn die Bekanntschaft von so welchen habe ich selbst nie systematisch gesucht. Ich weiß ja, wie das endet: Ich werde ganz weich, bezahle sie und mache dann gar nichts mit ihnen (aber zum Thema, wie man sich bei käuflichen Liebesdienern zu verhalten hat, mit denen ich eine durchaus beachtliche Erfahrung habe, komme ich später noch).

In diesen Kinos passiert es oft, daß einen die Betreiber, unter dem Vorwand der öffentlichen Ordnung, verfolgen, indem sie einen Kartenabreißer mit Taschenlampe losschicken. Schicken Sie bei der nächsten Gelegenheit Kartenabreißer und Betreiber dahin, wo der Pfeffer wächst. Rufen Sie ihnen ins Gedächtnis, wie sie ihre Knete kriegen, nämlich indem wir unseren Krieger kneten. Wäre das nicht der Grund, säßen wir in der Kinemathek und würden, statt uns die dargebotenen Metzgereien auf der Leinwand reinzuziehen (da wirft man ja doch gelegentlich einen flüchtigen Blick hin), mit Männern, Frauen und manchmal tatsächlich mit echten Tieren – wir würden uns über die Renaissance des mongolischen Films weiterbilden.

Berufsstand. Kunst und Handwerk

⁂ Machen Sie keinen Mythos aus den Berufsständen: Nachdem Sie zwei- oder dreimal in die Koje eines Fahrerhauses geklettert sind, haben Sie begriffen, daß auch Fernfahrer menschliche Wesen sind. Also rechnen Sie nicht damit, mit den Elefanten der Straße die silberne Hochzeit Ihrer Träume zu feiern. Wenn Sie jedoch dorthin gehen, wo sich die Zentauren der Straße treffen, und Sie mögen den Kitzel einer Motorradtour, dann sollte Ihnen eine Fahrt durchs Labyrinth genügen, um zu begreifen, daß entweder Sie auf dem Rücksitz der Minotaurus sind, oder am Lenker sitzt seine Schwester Ariadne mit Sturzhelm.

Wachsamkeit der Ehefrauen

⁂ Eine Ehefrau kann so tun, als wüßte sie nichts, aber sie weiß immer Vor- und Nachnamen der Frau, die gerade mit ihrem Gemahl im Bett liegt, und nicht nur, wenn sie selbst diese Frau ist. Wenn diese Frau überdies ein Mann ist, dann kennt sie auch die Adresse. Ein verheirateter Gentleman weiß, daß sie weiß – mit dem Ziel, daß sie gemeinsam besser verdrängen können.

Unterschätzen Sie Ihre Ehefrauen nicht: Ihnen könnten zu guter Letzt gar keine Schuppen von den Augen fallen.

Geschenke unter Gentlemen, die die Beziehung beenden. Klasse

In der Welt der Bauern wurden Verlobungsgeschenke in Naturalien gemacht, und man weiß nicht, ob SIE IHM oder ER IHR das berühmte Karnickel aus dem Sprichwort geschenkt hat: „Entweder geht's jetzt los mit der Liebe, oder ich will mein Karnickel zurück." Heute, da zu keinem Eheversprechen mehr Karnickel gehören und man daheim lieber Plüschtiere hält, will nur ein Taugenichts seine *Ninja Turtles* zurückhaben, mit allen Briefen, dem Ring, dem Armband, seiner *Nautilus*-Maschine und dem Do-It-Yourself von der Sexshopkette *Marilyn* (für wenn ER außer Haus ist). Wenn ein Gentleman nur solch triviale Geschenke gemacht hat und der andere so trivial gewesen ist, sie anzunehmen, dann würde er sie um nichts auf der Welt zurücknehmen, während der andere ein hübsches Paket daraus schnürt und sie ihm postwendend zurückschickt. Handelt es sich dagegen um einen Ferrari, ein kleines Landgut bei Porto Rotondo oder einen Francis Bacon (3 x 2,50 m), dann braucht man sich nicht vorzumachen, man hätte zwei Gentlemen vor sich, man sollte besser so tun, als wären da ein gewöhnlicher Ehemann und seine Frau Gemahlin in Scheidung begriffen. Ich selbst würde versuchen, mir absolut alles zurückzuholen bzw. nicht das kleinste Fitzelchen zurückzugeben. Ein wahrer Gentleman ist es niemals durch und durch, keine Ahnung, wieso. Aus diesem Grunde sollte man die Gelegenheit nutzen, einer zu sein, solange es uns nichts kostet. Das ist das Geheimnis des Mannes, dem wir oft ohne Ursache zuschreiben, er hätte Klasse: Er hat sie nämlich auf Kosten der anderen. Seine eigentliche Klasse besteht genau darin, niemandem die Chance zu geben, zu erkennen, wer er letztendlich ist.

Kinder

Und nun eine nützliche Abschweifung: Ein elementares Axiom besagt, daß ein Mann alles macht, eine Frau dagegen nicht. Eine Frau wird, vor allem in ihrer Mädchenblüte, gesellschaftlich vor der Pädophilie geschützt, und was das betrifft, übrigens auch ein Junge. Aber wenn schon eine rückhaltlose Verurteilung vonnöten ist, so trifft sie zuvörderst den Pädophilen, der auf Mädchen steht, denn ein Mädchen ist die Knospe einer Frau, ein Junge aber nicht die Knospe eines Mannes. Er ist bereits ein Mann, will sagen, reifer wird er nicht, und in dieser seiner Horizontalität ist er in der Lage, alles zu zerkleinern und zu verdauen. Ein Junge, der eine sexuelle Beziehung zu einem männlichen Erwachsenen hat, muß sich nicht mit etwas auseinandersetzen, das so ganz anders ist als er selbst, wie es für das Mädchen mit dem nämlichen Erwachsenen gälte. Oft besteht zwischen dem Jungen und dem Erwachsenen nur eine Neugier von seiten des Jungen, er will einfach sehen, wie sein Schniepel in ein paar Jahren aussehen wird und was er alles damit machen kann. Das Fleisch des Männchens speichert keine besonderen Erinnerungen in bezug auf das

Fleisch anderer Männchen, außer Erinnerungen an Gewalt, falls ihm denn Gewalt angetan worden ist. Ich bin ja gegen jegliche Beziehung zwischen Kindern und Erwachsenen, so zärtlich und rücksichtsvoll sie auch sein mögen, aber auf der anderen Seite, wenn ich zurückblicke und mich als Kind sehe, dann muß ich gestehen, geangelt habe *ich* sie mir, die zahlreichen Erwachsenen, die ich angepeilt und verführt habe, es waren niemals sie. Ich persönlich habe auch nie sexuell etwas mit kleinen Jungen oder Mädchen gehabt, wobei es mir manchmal durchaus schwergefallen ist, ihren expliziten Avancen zu widerstehen. Kinder wissen allesamt zu becircen, und ich habe es immer für ein besonderes Verdienst gehalten, wenn ein Gentleman sich ihren gnadenlosen Verzauberungskräften entziehen konnte. Sollen die kleinen Jungs und Mädchen das doch unter sich ausmachen oder mit anderen Erwachsenen, die weniger verantwortungsbewußt sind als Sie und die sich notorisch den diversen Organisationen anschließen, wo khakifarbene Shorts gefragt sind, Hemdchen mit Nummern hintendrauf und schwarzweiße Ministrantengewänder. Seien Sie im übrigen so einfühlsam mit den Kleinen, daß Sie, nachdem Sie abgelehnt haben, sich selbst durch ein Einlassen mit ihnen zu beleidigen, nun nicht Ihrerseits die Kleinen beleidigen, indem Sie ihnen das Gefühl geben, abgelehnt zu werden. Ein ungeschickt oder heftig abgelehntes Kind wird zu einem gefährlichen kleinen Aas, denn es wird genau die Handlungen erfinden und gegen Sie ins Feld führen, zu denen Sie sich nicht hergegeben haben, und Sie könnten sich prompt in ernsthafte und entwürdigende Unannehmlichkeiten verstricken, die in einer wahren Treibjagd auf das Ungeheuer enden. Lassen Sie die Ungeheuer lieber weiter im Schoß der durchschnittlichen Mittelklassefamilie leben, wo Inzest und Vergewaltigung und wundersame Geschichten von Eltern, die ihre Sprößlinge meistbietend verkaufen, an der Tagesordnung sind. Und halte, o Gentleman, das Ungeheuer in dir fest hinter Schloß und Riegel: Der Single wird, wenn demaskiert und bloßgestellt, aus jeglichem gesellschaftlichen Zusammenhang verstoßen, während in der Familie, wo Vergewaltiger und Vergewaltigte institutionell zusammenleben, alles recycelt wird. Sie dürfen den Ungeheuern eben nicht erlauben, aus ihrem normalen Lebensraum auszubrechen, um zu behaupten, das Ungeheuer wären Sie.

Die ewige Frage von Aktiv und Passiv

Ein perfekter Gentleman, um das einmal klarzustellen, und zwar unabhängig von seinen persönlichen Vorlieben, läßt sich immer in den Arsch ficken, und sei es nur, um nicht dem Gemeinplatz Vorschub zu leisten, die eine Rolle entspräche einer Frau, die andere einem Mann. Der wahre Mann macht alles, das eine wie das andere, ohne Unterschied und ohne aus der einen oder der anderen der beiden Gymnastiken irgendwelchen eitlen Ruhm zu ziehen; vor allem präsentiert er nicht den stolzgeschwellten Kamm des Männchens, das nicht den Mut zu seinen Taten hat. Es gibt nichts Kitschigeres als eine Tunte, die behauptet, sie ließe sich nicht ficken, weil: a) Das tut weh; b) das mag sie nicht; c) das muß doch nicht sein! Zwei Männer, die die Möglichkeit haben, mit einem gewissen Komfort zusammenzusein, und die dann nicht alle häßlichen Konventionen zum Teufel schicken, na, das sind dann nicht zwei Männer, sondern meistens zwei dahergelaufene Zicken, die tendenziell schlecht zusammenpassen. Sie werden alle die große, schwere, breitschultrige, parfümierte Obertucke kennen, die Pseudomännliche, die Ihnen zeigen will, wo's langgeht, nachdem sie sich ein Leben lang alle Schwächlichkeiten und Niedrigkeiten einer verhinderten Frau hat durchgehen lassen. Die berufsmäßig Aktiven sind meistens so, und sie halten ihren Arsch nicht etwa deshalb nicht hin, weil sie zu männlich wären, sondern weil sie zu weiblich sind. Sie können der für sie todtraurigen Wahrheit nicht ins Auge sehen, daß ein Arschloch eine unvollkommene Möse ist. Je tuntiger einer ist, desto makelloser will er dastehen; je männlicher einer ist, kräftig und mit allen Ehren der hinreißendsten und archaischsten Virilität gesalbt, desto weniger kneift er die Arschbacken zusammen. Ich, der ich immer so aufmerksam auf die flüchtigen Dinge des Lebens achte, auf das, was es zu tun und zu lassen gilt, um in die Ewigkeit einzugehen, ich habe oft meinen Arsch hingehalten, und nicht nur, weil ich Lust dazu hatte, sondern weil mir die Vorstellung gräßlich war, mein Partner könnte mich etwa für eine Tunte halten; aus Verachtung habe ich nie eine Tunte gebumst, für die das gleichbedeutend mit der passiven Rolle gewesen wäre. Sex ist Sex, Schluß mit der Atomspaltung der Rollen. Wenn ich schon vorher weiß, was ich mit einem

Mann anzufangen habe, dann wechsle ich den Mann. Auch das ist eine Frage der Haltung, auf den perfekten Benimm angewandt: Beginnen Sie doch einmal, das Gegenteil dessen zu tun, was von Ihnen verlangt wird oder wozu Sie gerade Lust hätten. Ihr Geist wird sich auftun, wie es kein Mastdarm und keine Gurgel fertigbringen, selbst wenn man das Ding komplett reinrammt. Ein perfekter Gentleman ist nicht einfach aktiv und passiv, er hat diese Kategorien aus seinem Vokabular gestrichen, all diese Rückstände der rückständigen Symbologie von Veteranentunten, weil er die erotischen Möglichkeiten eines Mannes mit einem anderen Mann einfach im Blick hat. Überlassen Sie „aktiv" und „passiv" den ungebildeten Massen und den Gefängnissen, wo man sich, glauben Sie mir, zwischen der Pflicht des Fickens und der Pflicht des Geficktwerdens keineswegs vergnügt.

Die Freizügigen und die Schönen haben keine eingenisteten Vorlieben, da gibt es keine kleinen Szenen und kein Ich-würd-ja-gern-ach-doch-lieber-nicht: Abgesehen davon, daß sie nichts mit Frauen haben, vögeln sie mit dem Mann der Stunde, mit seiner absoluten Originalität und Ungreifbarkeit und Unvorhersehbarkeit, rein und raus. Die Liebe ist in ihrer Begrenztheit von so delikater Poesie, daß auch wer alles tut, nie genug tut. Gehen Sie nicht mit jemandem ins Bett, als würden Sie zum hundertsten Mal „Tosca" sehen. Wenn klar ist, daß es auf die eine oder andere Weise zu Ende geht, seien Sie wenigstens so gütig, nicht schon im voraus jenes höchst zerbrechliche Finale breitzutreten. In der Liebe ist Wissen Ruin. In der Liebe sollte man aufhören zu glauben, man verstünde was davon.

Das garantiert eine hochverfeinerte, intensive Verzükkung von seltener hormoneller Gewalt. Nehmen Sie Kompaß, Metermaß, Schema und sich selbst *nicht* mit ins Bett, wenn Sie sichergehen wollen, dort eine Veranstaltung, die so alt ist wie die Welt, in ein unerhörtes, nie gesehenes Ereignis zu verwandeln.

Transvestiten/Transsexuelle, auch *Ficazzi** genannt, ihre Fans und Kunden

Es gibt nichts, was man den Transen vorhalten könnte, abgesehen von der Tatsache, daß sie alle zum selben Chirurgen laufen: Hast du einen gemacht, hast du alle gemacht.

Es gibt tausendundeine Möglichkeiten der Sexualität und ebensoviele der Homosexualität. Doch hiermit wird der Gemeinplatz widerlegt, daß eine Affäre mit einem Transvestiten oder einer nicht operierten Transe unweigerlich zur Welt der Homosexualität gehört.

Die *Ficazzi*, Synthese und *best of both worlds*, sind ein weltweit verbreitetes Phänomen; als Geschöpfe der Straße, als besonders populäre Liebesdienerinnen finden wir sie allerdings eher in den romanischen als in den nordischen Ländern Europas. Die *Ficazzi* (und ihre Fans und Kunden) schwimmen dort in einem äußerst

---

* Diese Wortverschmelzung aus *fica* (Möse) und *cazzo* (Schwanz) trifft den Nagel auf den ... (Anmerkung des Übersetzers)

unexotischen Aquarium, das mittlerweile in aller Ausgiebigkeit von den Amphibienmassen der Städte, Dörfer und ländlichen Gegenden ausgelotet wird, was nichts mit dem Geschmack an Homosexualität zu tun hat, noch weniger mit dem Geschmack an Grenzüberschreitung und noch viel weniger mit Geschmack. Es reicht doch nicht aus, sich von einer Frau mit Schwanz in den Arsch ficken zu lassen, um etwas Besonderes zu sein oder als solches betrachtet zu werden: Das ist Sexualität, egal welchen Typs, Homosexualität jedenfalls nicht. Man muß es sich schon bis zur letzten Konsequenz verdienen, daß mit dem Finger auf einen gezeigt wird; die öffentliche Verdammung, die immer noch zum Schwulsein gehört, wird nicht so leichthin verschenkt, und wer es mit Transvestiten oder Transsexuellen treibt, hat angesichts der Breitgefächertheit dieses Phänomens keinerlei Anspruch auf Verteufelung. Heutzutage gehen die Jungs gemeinsam zu den *Ficazzi*, und oft halten sie es nicht mal für nötig, sich mit ihrem geschweiften Nachtfalter zurückzuziehen, um zur Sache zu kommen. Sie treiben es voreinander, und dem kontemplativen Begleiter kommt höchstens der bewundernde Gedanke, daß der Freund, der da gerade einen Pimmel lutscht, welcher unter einem Paar künstlicher Titten sitzt, bestimmt ein großer Mösenlecker ist.

Wer nicht mit blanker Waffe ans Tageslicht tritt, sondern zu einer Frau gehen muß, um es mit einem Mann zu treiben, gehört nur zur Sorte der unsicheren Heterosexuellen, also zu den Heterosexuellen *tout court*, mit der Unterscheidung, daß diejenigen, die in ihrer Unsicherheit am extremsten sind, es dann mit Frauen treiben.

Sicher, wenn wir erklärten Homosexuellen uns mit dem Wagen postiert haben, um die wunderbaren Exemplare von Männlichkeit zu bewundern, die sich diesen Schimären des Sonnenuntergangs nähern und sie dank der trostlosen Genetik des Provinzialismus attraktiv finden – uns hat sich oft das Herz vor Eifersucht zusammengezogen, vor Neid und Wut. Aber die Tatsache an sich, daß dieser Fußballspieler, jener Automechaniker und auch der Student von der Uni Mailand es mit dieser Sorte von Mannweib treibt und nicht mit uns, ist ein neuerlicher Beweis, daß sie dabei nicht der Homosexualität in die Arme sinken, sondern ein magisches Ritual zelebrieren in einer Welt, die – außer für Transvestiten, Transsexuelle und ihre Sympathisanten – absolut nicht nachvollziehbar ist.

Diese sexuelle Welt ist vollkommen legitim, das fehlte noch; der perfekte Gentleman lehnt sie nur aus zwei Gründen ab, die ihn direkt betreffen: a) Oftmals werden diese Arbeiterinnen der Liebe mit den Homosexuellen in einen Topf geworfen, ohne homosexuell zu sein, und das schadet uns (als hätten sie einem von uns je genützt); b) genau ihre Kunden, des Abends überzeugt, ein gewisses *Je-ne-sais-quoi* mit einer Frau erlebt zu haben, die ihnen unbedingt einen etwas größer als normal entwickelten Klitoriden am Arsch entlangrubbeln mußte, genau diese Männer können kaum bis zum Morgen warten, um nach Konzentrationslagern zu schreien und nach der Pfählung aller Schwulen und Tunten und Schwuchteln, die Altkommunisten nicht zu vergessen. Und ansonsten? Wenn die Transvestiten und Transsexuellen endlich damit aufhören würden, sich als echte Frauen zu bezeichnen, wo sie sehr gut wissen, daß man sie immer für perfekte Homosexuelle halten wird, oder wenn sie sich darauf beschränken könnten, der Presse und den Medien zu erklären, daß sie Lesben sind, die halt Transvestitinnen lieben, und wenn ihre Kunden in der Familie und der Kneipe ihr Faible offen zugäben, so wie es ist, ohne dabei das Bedürfnis zu empfinden, an den Homosexuellen das zu verdammen, was sie selber zu sein fürchten (ohne es zu sein, beruhigen wir sie) – ja, dann könnte doch alles Friede, Freude, Eierkuchen sein.

Ein Männchen, wie ich eben sagte, tut alles und vergißt alles, dazu zwingt es der Ehrenkodex, der aufwendig rund um seine schemenhafte Sexualität organisiert ist, ohne rechten Zugriff von der einen oder von der anderen Seite. Wenn ein Mann den Mittelweg mag, so deshalb, weil eine normale Weiblichkeit ihm ebensoviel Angst macht wie eine normale Männlichkeit. Überlassen wir ihn einer verbissenen Weiblichkeit, die seinem Begehren nach jener verbissenen Männlichkeit, die er als so bedroht empfindet, die passende Stütze bietet. So einer gibt sich mit wenig zufrieden, genau wie der andere, der sich von seinem Mangel an zwischenschenkliger Sensibilität befreit fühlt, nur weil er sich einen angemessenen Preis dafür zahlen läßt. Diese Welten haben wirklich nichts Homosexuelles an sich, ihnen fehlt auch die rechte Gelassenheit, das Leben um seiner selbst willen zu genießen; oft verbirgt sich hinter der Suche nach heftigen Emotionen um jeden Preis nur die Wiederentdeckung des Warmwassers. Es sind niemals zwei menschliche Wesen, die aufeinandertreffen, sondern zwei Stereotypen, von denen der eine das Preisschild hochhält und der andere die Hand an der Brieftasche hat. Denn wenn er bezahlen darf, fühlt er sich von einer Schuld losgesprochen, die noch trauriger ist als diejenige, welche er glaubt, auf sich geladen zu haben: die Schuld an etwas *niemals* Begangenem.

Also ich, wenn ich ein radikaler Transvestit wäre oder eine anständige Transsexuelle, ich würde geliebt werden wollen, wenn ich um die Mittagszeit, Gesicht und Bartstoppeln unter einem Kopftuch und einem großen Strohhut verborgen, der mir Stirn und Haare bedeckt, untröstlich mit dem einzigen Trost meines Lebens, meinem Fifi, in der Nähe des Triumphbogens Gassi gehe. Dort möchte ich meiner großen Liebe begegnen, jemandem, der erkennt, wem ich – ungeschminkt, unfrisiert, unkostümiert und unentschleiert – ähnlich sehe, wenn ich mich für eine Sonnenstunde als Mann verkleidet habe, so weit wie möglich von allem entfernt, und die ganzen Passanten sind mir so zuwider, daß ich nicht mal mehr mit meinem Hund spreche, so sehr macht mir die Vorstellung angst, jemand könnte ihn mit einem Kommunikationsmittel verwechseln.

Dort möchte ich meiner großen Liebe begegnen, dort, wo ich, sollte ich es wagen, in diesem Aufzug einen meiner feurigen Kunden von gestern abend zu grüßen, aber mindestens einen Tritt in die Eier und einen Aufschrei des Ekels ernten würde: „Zisch ab, du dreckiger Arschficker, du abgefuckter Junkie, du Aidsleiche, was fällt dir ein?"

Im Vergleich dazu ist unsere Einsamkeit doch eitel Sonnenschein, glaub mir, die Einsamkeit der Gentlemen. Sicher, unser Sexualleben ist weniger rauschhaft, und bestimmt verdienen wir weniger, aber uns kann es doch von einem Moment zum anderen passieren, daß wir einem Connaisseur über den Weg laufen und ein „Ciao!" hören, das uns womöglich sagen will, etwas unendlich Gutes kommt auf uns zu. Die Zivilisation hat ihren Preis, aber ein freundlicher Gruß, das Wiedererkennen durch jemanden, der keinen Groll gegen uns hegt, sondern sich im Gegenteil freut, uns zu sehen, na, das ist doch unbezahlbar: Kein Männchen und keine Schimäre kommen dagegen noch an. Zivilisation, schreibt Schopenhauer, kurz nachdem er in „Die Welt als Wille und Vorstellung" formulierte, daß „eine Schwalbe noch keinen Sommer macht", ist das gemeinschaftliche Teilen eines Guts, ist das uneigennützige Zugehen auf den anderen, mit dem man es teilt, ist der spontane, weil ungeforderte Dank, weil es typisch für Kleingeister und Mittelmäßige ist, niemals das Gute anzuerkennen, das ein anderer ihnen getan hat. Aber ich will gar nicht abschweifen; jetzt wird vom Schwanz gesprochen: wie er sein sollte, und wie man sich Schwänzen gegenüber verhält, ohne dabei ihre Träger zu ignorieren.

Den Transen läßt sich letzten Endes nur vorhalten, daß sie entweder alle dieselben Backenknochen haben oder daß sie sich nur durch ihre Handgelenke unterscheiden.

Schöner Schwanz, häßlicher Schwanz?

Heute weiß ich längst nicht mehr, was ein schöner Schwanz ist, aber es gab Zeiten, als ich ein weniger monsignorales Leben führte, da wußte ich es. Was für einen Ausweg fand ich angesichts eines häßlichen Schwanzes, um denjenigen nicht zu verletzen, den ich sitzenließ – drei Sekunden, nachdem ich ihn erobert hatte? Nun, mit tremolierender Stimme, als befände ich mich unversehens in der Kirche vor dem Gitter eines Beichtstuhls, verkündete ich, es gebe Dinge, die man einfach nicht tun dürfe, dies sei das erste Mal für mich und alles viel zuviel, tut mir leid und tschüß. Ist doch wahr, mit einem häßlichen Schwanz tut man gewisse Dinge eben nicht. Alldieweil ein schöner Schwanz der konzeptuellen Willkür des individuellen Geschmacks unterliegt, mithin völlig abstrakt ist, werde ich im folgenden darlegen, wie Sie sich einem Schwanz gegenüber zu verhalten haben, den Sie gemäß Ihren Vorurteilen als häßlich empfinden, je nach seiner Proportion, Kompaktheit, geraden Form und guten Führung. Noch eine Abschweifung: Ich persönlich finde ja ausladende Hodensäcke sehr erregend, ich betätschele sie gerne, sie kommen mir vor wie etwas abgehangene weibliche Geschlechtsteile mit ihren Eierstöcken schön auf dem Präsentierteller, da fühle ich mich ganz heterosexuell und kümmere mich wenig um das, was obendrüber stattfindet. Einem „schönen" Schwanz mit winzigen, eingeschrumpelten Eierchen drunter ziehe ich das Gegenteil vor. Ach, dieses seltsame Gefühl von Verrat, wenn ich bei einem Mannsbild die Klöten suche, und er hat sie nicht!

Einen Schwanz haben garantiert alle, ob er nun schön oder häßlich ist, aber ein Paar Eier, wie sie mir vorschweben, sind äußerst rar auf dem Markt, und ist ein perfekter Gentleman nicht stets auf der Suche nach Raritäten?

Mit einem „häßlichen" Schwanz verfährt man demnach so, wie wir uns wünschen, daß ein anderer mit dem unseren verfährt, falls er ihn – früher oder später passiert's – häßlich findet: mit der höchsten theatralischen Kunstfertigkeit, schamlos schauspielernd, ohne Furcht vor Übertreibung. Tun Sie ruhig so, als würden Sie ohnmächtig, wenn Ihnen kein anderer Trick einfällt, um den Unglückseligen davon abzulenken, warum Ihnen wirklich die Sinne schwinden. Ich kann alles im Leben ertragen, nur nicht, wenn ein anderer andeutet, mein Schwanz wäre etwa nicht der schönste im ganzen Land. Deshalb sollten Sie nicht allzu überstürzt kollabieren, sondern so vorgehen, daß Sie das Ding eine Weile in die Hand nehmen und langsam einen Finger nach dem anderen zurückziehen, bis Sie es nur noch zwischen Daumen und Zeigefinger halten. Dann können Sie ganz monsignoral Ihre beste, unverdächtigste, glaubwürdigste Entschuldigung vorbringen. Tun Sie es mit Leib und Seele, auch wenn Sie die Lust ankommt, ihm ins Gesicht zu schleudern, daß einer mit so einem Schwanz nichts bei Männern zu suchen hat, sondern zu Frauen gehen sollte: Wenn Erfahrung etwas zählt, dann kann ich bestätigen, daß zu jedem häßlichen Schwanz, der schließlich und endlich aus einem Hosenstall hervorgezogen worden ist, ein Kotzbrocken gehört, der mich Höllenqualen erleiden ließ, bis ich das erreicht hatte, vielmehr: das bißchen. Das bißchen. Deswegen empfehle ich wärmstens, sich nicht länger als drei Minuten mit einem aufzuhalten, der nicht mitmacht oder der, um mitzumachen, erst zum Universalerben eingesetzt werden muß. Wenn er nicht mitmacht, wird er seine guten Gründe dafür haben, nicht sofort mitzumachen, und Sie haben Ihre, überhaupt nicht mitzumachen. Je mehr einer in die Waagschale zu werfen hat, desto schneller ist er bei der Hand, es einen ohne lange Diskussion abwägen zu lassen.

Wenn Sie jedoch auf den Jüngling mit Phimose stoßen, der womöglich noch nicht mal weiß, was eine Phimose ist oder daß er sie hat, sprechen Sie offen mit ihm, sagen Sie ihm, daß er sich schleunigst operieren lassen soll, denn obendrein verschafft dieses Ding, dieses Reservoir stagnierender Bazillen, den Frauen Gebärmutterkrebs, und daß dieser Engpaß nur in Polen in ist, wo die Frauen sowieso nicht drauf achten – sie beten, und dann sterben sie. Also seien Sie unerbittlich in Sachen Intimhygiene, es sei denn, Sie sind derjenige, der sich eine Woche vorher für in einer Woche verabredet hat, und die ganze Sache läuft auf römische Art, das heißt, Sie bringen die Speckseite mit, und er tut den Schimmelkäse dazu.

Reizwäsche

Der perfekte Gentleman läßt sich von keinem modernen Unterwäsche-Look beeindrucken: der Slip à la Zahnseide, der entbeinte Slip, die Boxer-Shorts mit Knöpfchen, das Top mit der Oberkante *unterhalb* der Brustwarzen – nichts könnte unerotischer für den Gentleman sein. Machen Sie nicht durch das auf sich aufmerksam, was Sie drunter tragen, abgesehen von dessen Sauberkeit. Wenn ich eine Unterhose *by Ä* oder *Ö* auch nur sehe, fällt mir auf ewig alles runter: nicht weil ich etwas gegen diese bestimmten Unterhosen hätte, sondern weil ich mich des Verdachts einfach nicht erwehren kann, daß ein Teil Ihrer ohnehin spärlichen Intelligenz auch noch *dafür* draufgegangen ist, daß Sie sich Ihre Unterhosen nicht aufs Geratewohl angezogen haben, wie sich das für Unterhosen gehört, sondern sie auch noch *ausgewählt* haben. Einem jugendlichen Körper in der Fülle seiner Manneskraft und Schönheit verzeiht man am Ende alles, aber das Malheur ist ja gerade, daß solche Feinschmeckerhöschen vor allem bei den Besitzern jener Körper *en vogue* sind, die durch Speck und mangelnden Sinn für Lächerlichkeit noch schlimmer aussehen als ein Monsignore, der die gute Küche und das geruhsame Leben liebt.

Was den Gebrauch des Funktelefons betrifft, legen Sie so viel Mäßigung an den Tag, wie Sie können: kein Gefunke beim Cruisen, und vor allem keine Telefonate *währenddessen*. Ich weiß, der Gedanke kann irrsinnig erregend sein für denjenigen, der Sie bedient, daß er es gerade einem geistesabwesenden Mann macht, der gar nicht merkt, was läuft, aber vergewissern Sie sich vorher: Es ist nicht immer gesagt, daß einer, der sieben Hemden durchschwitzt, um Sie zu beglücken, verzückt ist von Ihrem „Ja, Mama, ich komme, ich komme, setz schon mal die Pasta auf."

In der Sauna

Wenn ich bitten darf: Schauen Sie nicht verächtlich auf jemanden herab, nur weil er Sie in all Ihrem Glanz bewundert und es nicht verdient hätte. Sie sind nackt, Sie sind schön, Sie vermitteln eine Illusion von Glück in greifbarer Nähe: Was kümmert es Sie da, mit unbestechlichem Blick einen Menschen zur Unsichtbarkeit zu verdammen, der doch Ihre Sichtbarkeit verstärkt? Er geht soweit, Ihren Körper zu durchdringen und herauszuheben vor dem Horizont seines Geistes, des Geistes eines alten oder den Normen nicht mehr entsprechenden Körpers! Erteilen Sie einem, der Ihnen unsympathisch ist, keine Lektion, nur weil er sein Begehren in Ihre Richtung hat anschwellen lassen, seien Sie freundlich und lassen Sie es auf sich beruhen. Oftmals glauben Sie, das Höchste zu sein, und ahnen nicht, daß der Mann, der sich Ihnen nähert, sich im Geiste schon mit dem Kompromiß abgefunden hat.

Kommen Sie nicht wie ein Supermacho daher, das tun nur absolute Nullnummern. Stolzieren Sie nicht, bewegen Sie sich im Schlenderschritt fort. Gehen Sie nicht in die Dampfsauna, wo man keinen Schwanz sieht, wenn nicht mehr dabei rauskommt, als daß Sie einen beschimpfen oder schubsen, der Sie berührt hat, obwohl er meistens genau weiß, wer Sie sind: Er ist genau der, den Sie eben in der Trockensauna abgewiesen haben, aber das ändert nichts daran, daß Sie jetzt kein Recht mehr dazu haben, denn hier haben Sie sich in die Unterschiedslosigkeit begeben, und Sie gehören ebenso dazu wie er. Denken Sie daran, wie oft Sie die Hand ausgestreckt haben und plötzlich die Warze auf dem Kinn Ihres Pfarrers zwischen den Fingern hatten, der inkognito unterwegs war, oder gar, auch das ist schon vorgekommen, Ihren eigenen Herrn Papa. Bedenken Sie, daß Ihr ungehöriges Verhalten nicht etwa einen trifft, der es verdient hätte, sondern vielmehr denjenigen, der Sie in die Welt gesetzt oder getauft hat.

Sollten Sie in den Darkroom gehen, mitten in die Menschenmenge, dann verteilen Sie keine Tritte an diese oder jene Adresse. Wenn Sie allein sein wollen, gehen Sie doch in eine Kabine, das ja nicht heißt, daß Sie, falls Sie das nicht tun, jedes herumirrende Ufo in den Mund nehmen müssen, das gerade zu landen versucht. Also keine Tritte und, wenn ich bitten darf, vor allem keine Bisse. Noch schlimmer ist Salongebaren an nicht dafür vorgesehenen Orten, etwas Respekt, ja: Wo genagelt wird, wird eben genagelt, und es gibt Leute, die riskieren ihre Gesundheit aus reiner Flüchtigkeit.

Die widerlichste Tunte ist diejenige, die sich mit einer anderen, gleichgesinnten Tunte in eine zuvor zustandegekommene Ansammlung reindrängt, und dann fangen beide in der absoluten Stille an zu kichern: Das ist nicht geistreich, das ist gierig – ohne Häppchen zum Schlucken. Respektieren Sie vor allem die Angelegenheiten, mit denen Sie nichts zu tun haben, sei es, daß Sie nicht daran teilnehmen wollen, sei es, daß Sie mit Ihrem Freund da sind und einen auf ironisch und überlegen machen müssen. Wenn Ihnen wirklich mal ein Lachen entschlüpft, dann lachen Sie über sich selbst, meine Damen.

In den Schwulensaunen werden seit geraumer Zeit Pornofilme mit amerikanischen Gladiatoren gezeigt, welche, in rein körperlicher Hinsicht, auch den durchtrainiertesten heimischen Jüngling deklassieren können. Achten Sie darauf, sich diesen Prototyp männlicher Schönheit nicht unterschwellig einimpfen zu lassen, sonst gucken Sie nämlich nur noch in die Röhre, und nichts ist Ihnen mehr recht. Ein Mann ist, was er ist, und ein wirklich schöner Mann ist derjenige, der es nicht weiß. Wenn er es weiß, handelt es sich oft um einen Pfau, dem sie sein Rad wegkastriert haben. Im Vorführungsraum der Pornofilme sollten Sie sich nicht scheuen, offenkundig zu onanieren, während alle anderen jenes würdige Gesicht aufsetzen, das für Eric-Rohmer- oder Ingmar-Bergman-Kenner typisch ist. Die sind fehl am Platze, nicht Sie, und oft ist ein Mann, der da drüben onaniert, alles, was man für den Eintrittspreis abkriegt. Es kommt nicht darauf an, ob er angenehm oder abscheulich anzuschauen ist, ob jung oder alt: Er ist einer, der alles über Sex und Einsamkeit begriffen hat. Es liegt bei Ihnen, etwas von ihm zu lernen, nicht umgekehrt. Respektieren Sie ihn. Ach, bevor ich's vergesse: Im türkischen Bad wird nicht uriniert, und bitte keinen Stuhlgang im Whirlpool. Sie sind doch nicht bei sich zu Hause.

Nächtliches Cruisen an öffentlichen Orten. AYOR! (Risiko!)

Wenn Sie mit dem Auto auf einer großen Straße oder einem Autobahnrastplatz cruisen wollen, wo die Fernfahrer anhalten, dann sollten Sie wissen, daß es keine Prostituierten gibt, von denen Sie erwarten können, daß sie ihr eigenes Auto verlassen, um in Ihres zu spähen: Sie sind kein Kunde, und Ihnen steht keine Extrawurst zu. Verlassen Sie das Fahrerhaus, zeigen Sie sich: Nur weil Sie so groß sind wie eine Stehlampe und häßlich wie die Nacht, ist doch nicht gesagt, daß Sie nicht den Märtyrer finden, der für Sie geschaffen ist. Je weniger akrobatische Sperenzchen Sie mit den Autos veranstalten, desto besser: weniger Auspuffgase, weniger Fehlstarts, weniger Fehlankünfte, weniger Ärger für Sie und für alle. Bleiben Sie mit dem Wagen, wo Sie sind, und bewegen Sie sich auf Ihren Beinen fort. Wenn ein LKW ankommt, stürzen Sie sich nicht gleich auf die gegenüberliegende Seite, um mit Ihren Scheinwerfern ins Fahrerhaus zu leuchten: Fernfahrer, die oft überfallen, gefesselt und geknebelt werden, kriegen leicht Angst und hauen ab. Vor allen Dingen sollten Sie nicht aggressiv aufblenden, um Ihrem Ärger Ausdruck zu verleihen, daß ein Konkurrent, der flinker war als Sie, schon den LKW bestiegen hat. Vergessen Sie's, man kann nicht bei jeder *Rein und Raus, von Haus zu Haus*-Spedition Kunde werden.

Ziehen Sie nachts nicht zu dritt oder viert los, wenn Sie cruisen wollen, lassen Sie den Firmenbus in der Garage, gehen Sie alleine hin. Und wenn Sie nun gar nicht allein sein wollen – was die Garantie dafür ist, daß überhaupt nichts dabei rauskommt –, dann postieren Sie sich nicht an die strategischen Eingänge der Toiletten (ohne Licht) oder an die Löcher im Zaun (wo es ins offene Gelände geht), um mit anderen Unglückskrähen zu palavern. Machen Sie sich bewußt, daß dies nicht der Ort ist, um die Löcher in Ihrem vernachlässigten Menschsein zu stopfen. Ein Mann, der nachts an diesen Orten zuviel redet, ist oft einer, der tagsüber nie den Mund aufmacht. Cruisen ist eine Aktion, eine Taktik, ein Zeitvertreib mit ausgesucht einsamen und stillen Merkmalen. Des Nachts empfiehlt sich zudem die Eleganz, kein Dauergequassel zwischen die gute Stube, die Sie mit hergebracht haben, und den Hosenlatz der anderen kommen zu lassen. Bloß die primitivsten Tunten toben sich aus, indem sie an diesen Orten quatschen, und oft verderben sie den feineren und stilleren Menschen den ganzen Spaß damit.

Was denn? Auch heute haben Sie bei der Arbeit und in der Familie wieder so getan, als wäre nichts, dreißigmal in zehn Stunden hat man Sie mit Andeutungen und Gerüchten und mitleidigen Blicken gedemütigt, und Sie: mucksmäuschenstill und Kröte geschluckt – und jetzt markieren Sie den großen Mann und Helden, führen eine angriffslustige, wildgewordene Fresse spazieren wie Anna Magnani in „Bellissima"? Warum üben Sie sich nicht zuvor darin, denjenigen die Meinung zu geigen, von denen Sie am Tage provoziert worden sind, stolz den Kopf zu erheben und Ihren Verfolgern gegenüberzutreten, Auge um Auge, Zahn um Zahn, warum äußern Sie nicht endlich einmal freiwillig einen politischen Gedanken? Und statt dessen sind Sie da, in der Nacht, spazieren auf und ab, Arm in Arm mit irgendeiner genauso abgewrackten Ruine, wie Sie eine sind, immer die Straße rauf und runter, stoßen kleine Schreie aus, kritisieren dies und das, oder Sie lehnen an der Klowand, sind schon bei der dritten Folge der Erzählung Ihrer elenden, wortschwallenden Existenz angekommen, während es um Sie herum öd und leer geworden ist und keiner mehr glaubt, das tun zu dürfen, wozu er eigentlich hergekommen war. Aber Sie, wenn Sie auch heute nacht wieder keiner in den Arsch fickt, erzählen Sie mir doch mal, wie's Ihnen morgen nacht gehen wird und übermorgen?! Haargenau wie jetzt: losgelassene Stimmbänder, die lauter unsinnige und unsinnliche Geräusche von sich geben.

Der Gentleman mit verheiratetem Liebhaber

Wenn du, o Gentleman, einen verheirateten Mann mit Kindern zum Liebhaber hast, so wisse: Du magst ihm gegenüber vielleicht einige Rechte haben, seiner Familie gegenüber hast du nur Pflichten. Ein verheirateter Mann mit einem Liebhaber führt kein doppeltes Leben; meistens führt er nicht mal eines, und er verdient unser äußerstes Verständnis. Deshalb sollten Sie niemals Vorrang vor seinen Familienverpflichtungen beanspruchen, seine Frau nicht als eine Rivalin auf der Straße zu Ihrem Glück betrachten und seine Kinder nicht hassen, bloß weil Sie sie ihm nicht geboren haben.

Ein Mann, der sich durch eine Ehe in einem entscheidenden Augenblick seines eigenen Lebens selbst verleugnet, ist nicht mehr imstande, dieser Selbstverleugnung abzuschwören. Wer durch Selbstverleugnung bekommen hat, was er hat, macht keinen Rückzieher, am allerwenigsten aus Liebe. Wenn er sich einverstanden erklärte, sich ein zweites Mal zu verleugnen, würde er damit eingestehen, daß er nur Zeit verloren hat. Das Leben ist zu kurz, und die verlockende Aussicht auf eine glückliche Zukunft zählt nichts, wenn dabei auch das bißchen draufgeht, was er immerhin sicher hat: eine verfehlte Vergangenheit. Einer rennt nicht dem Glück hinterher, wenn er dabei auch dem Unglück den Rücken kehren muß, das ihm zusteht. Es ist nicht wahr, daß die Liebe stärker ist als alles andere, und ebensowenig ist wahr, daß die Familie am Ende stärker ist als die Liebe; wahr ist nur, daß man dazu imstande ist, dem Glück ein bißchen Raum im Unglück zu gewähren, aber wehe, man läßt keinen Platz für etwas Unglück im Glück. Am Ende trauert man nur dem Unglück hinterher, und alles verwandelt sich in undifferenziertes Unglück.

Ich hatte mal einen Freund, der sich bis über beide Ohren in einen verheirateten Mann verknallt hatte, einen Provinzler mit Bauch und Geld und Manieren, und mein Freund hatte sich vorgenommen, ihn und seine Frau auseinanderzubringen. Sie lebten respekt- und liebevoll ein vielleicht nicht berauschendes, aber ruhiges und regelmäßiges Eheleben. Vor allem wollte mein Freund einen Keil zwischen ihn und seine kaum neun Jahre alte Tochter treiben, nach der der Vater eine Jacht benannt hatte. Während der wenigen Wochenenden, die sie gemeinsam in San Remo verbringen konnten, wo das Boot vor Anker lag, kam meinem Freund jedesmal die Galle hoch, schon bei der Ankunft, wenn er die Aufschrift „Manuela" in rosa Lettern auf dem Achterdeck und dem Beiboot erblickte. Er gewöhnte sich an, seinem Geliebten regelmäßig zu erzählen, daß der Lack allmählich abblättere und die Jacht einen neuen Anstrich gebrauchen könne. Und dann hatte er nebenbei einfließen lassen: „Du könntest ja meinen Namen da hinschreiben...", und der Herr Papa hatte gelächelt und es überhört. Aber er beauftragte die Werft keineswegs, das Boot neu zu streichen, und für meinen Freund wurde „Manuela" zu einem wahren Alptraum. Er ging so weit, mir zu versichern, daß er die Kleine eigenhändig erwürgen könnte, besonders nachdem er einmal, als er den geliebten Vater mit der üblichen Reisetasche samt einem Satz frischer Wäsche aus dem Haus kommen sah, in Tränen ausgebrochen war und dem Vater die schlimmste Beschuldigung an den Kopf geworfen hatte: „Immer gehst du wieder zurück, du liebst mich nicht mehr", worauf der Vater sich auf dem Absatz umgedreht und dem Freund für dieses Wochenende seine Tochter vorgezogen hatte. O Himmel, tut euch auf: Mein Freund, possessiv und wutentbrannt, zerfressen vom Haß auf das Mädchen und ihre Mutter, hatte mittlerweile jene Seite seines Charakters offenbart, die er bis dahin dank der Umstände verborgen halten konnte: seine Besessenheit, nicht der am meisten geliebte zu sein. Der verheiratete Mann muß anfangs versucht haben, ihn zur Vernunft zu bringen und ihm klarzumachen, daß er sich früher über seine zwei Anrufe am Tag gefreut habe, die gegenwärtigen zwanzig Mal inzwischen aber als echte Störung empfinde, sowohl zu Hause (wo er kaum noch wußte, wie er sie begründen sollte) als auch im Büro (wo er durchaus noch anderes zu erledigen hatte). Ich versuchte, mit meinem Freund darüber zu sprechen und ihm zu erklären, daß ein verheirateter Mann, der die Frau und die geliebte Tochter verläßt, und sei es, um mit dem Mann seiner Träume zusammenzuleben und ihn sozusagen zu *heiraten*, doch immer ein unsicherer Kantonist bleibt, dem man nicht im mindesten trauen kann, während man hier, in der Loyalität zur bereits existierenden Familie, einen Beweis für die Integrität des Mannes sehen mußte, da nicht einmal Rausch und Blindheit der Leidenschaft (die beiden hatten sich nämlich eine Zeitlang wirklich heftig geliebt) gefestigte Gefühlsbindungen zerstören konnten. Meines Erachtens war er kein Feigling, wie mein Freund beharrlich glaubte, sondern er hatte wirklich Format, weil sein ganzes Leben sein Talent unter Beweis stellte, die Dinge zu integrieren und nicht das Gegenteil, also auch sein Talent, Unschuldige nicht leiden zu lassen, das Mädchen zum Beispiel... Ich habe meinen Freund verloren, aber er hat auch für immer seinen Liebhaber verloren, der wieder dazu übergegangen ist, das zu tun, was für einen verheirateten Mann nach einer so häßlichen Erfahrung mit einem, der niemals ein Gentleman sein wird, sondern nur eine hysterische, autistische Zicke, vielleicht das Klügste ist: Er holt sich Stricher, geht mit ihnen in eine Absteige, bezahlt sie, und damit hat sich's. Echte Vernunft fasziniert mich immer wieder. Ein Mann, der bei der Kultur der Herzensbindungen bleibt, anstatt sich in die Unkultiviertheit einer stürmischen Leidenschaft zu flüchten, genießt meine Wertschätzung. Außerdem, wie sollen wir denn jemals glücklich sein, wenn unser Glück auf dem Unglück anderer beruht, egal wer es ist? In Fällen wie diesem ist der Kompromiß die Leidenschaft, die über allen anderen steht. Im übrigen bin ich mir sicher, wenn es meinem ehemaligen Freund gelungen wäre, daß sein verheirateter Geliebter Frau und Töchterchen verstieß, so hätte dieser, einmal in den Spinnweben verfangen, einmal gezähmt von der inkonsequenten Hierarchie des Wer-kommt-vor-wem, eines Tages von dem Boot mit der Aufschrift „Eros" das große Netz hinabgeworfen, mit meinem ehemaligen Freund darin, und ihn seelenruhig den Fischen zum Fraß überlassen.

Dialoge mit Ignoranten und Abergläubischen

Werden Sie nicht müde, Ihr Wort auch jenseits Ihrer Pforte zu verkünden, sprechen Sie mit den Ignoranten, ermutigen Sie die Dummen, verweigern Sie es niemals, mit jemandem zu sprechen, der das Wort an Sie richtet, und sei es unter dem durchsichtigsten Vorwand der Welt. Wenn einer zu Ihnen sagt: „Brauchst du Feuer?", und Sie standen gerade mit verschränkten Armen da und waren in Gedanken vertieft, vielleicht sind Sie nicht mal Raucher, antworten Sie auf jeden Fall: „Nein, aber falls du ficken willst ..." Lassen Sie sich nie von der falschen Schüchternheit der Prahlhänse überrumpeln oder von der falschen Bescheidenheit derjenigen, die ehrlich gesagt gar keine andere Wahl haben, als bescheiden zu sein, ohne daß sie sich die Arroganz erlauben können, dabei auffällig zu sein. Nur in einem Falle sollten Sie endgültig aufhören, einen Menschen zu grüßen: Wenn Sie einer oder eine dazu gebracht hat, stundenlang darüber zu reden, was das Schreiben für Sie bedeutet oder die Liebe oder die Freundschaft, und am Ende schaut sie oder er Sie als Antwort mit der ganzen Lebendigkeit seiner oder ihrer Augen an und meint: „Was bist du für ein Sternzeichen?" Der perfekte Gentleman liest keine Horoskope, geht nicht zu Wahrsagern, redet nicht über Astrologie und erträgt es nur in sehr geringem Maße, wenn ein anderer sich erlaubt, ihn in ein derartiges Thema hineinzuziehen. Entweder findet er einen anderen Gesprächsgegenstand, oder er wechselt schleunigst das Sternzeichen: Das seine scheint nicht zu den angriffslustigen zu gehören.

Fernsehen

Sollte ein Gentleman ab und zu auch fernsehen, so läßt er dies doch niemals irgendwem gegenüber durchblicken. Davon zu sprechen, was gestern abend im Fernsehen los war (natürlich ist absolut nichts im Fernsehen los, sondern alles bei Ihnen!), ist vulgär. Es ist vulgär: über Fernsehen zu schreiben, über Fernsehen zu lesen, ins Fernsehen zu gehen. Letzteres stellt eine besonders vulgäre Angelegenheit dar, mir sehr vertraut: Nur wer einmal dagewesen ist und auch wieder hingeht, weiß, wie sehr man sich dort der Vulgarität derjenigen aussetzt, die einen gesehen haben. Man muß wirklich vulgär sein, um nicht zu begreifen, daß die nicht Sie gesehen haben, sondern die Vulgarität, welche Sie sie haben sehen lassen. In meinem Falle die Vulgarität, welche ich die Leute sehen lassen wollte, um mich sehen zu lassen; bei den meisten macht die Vulgarität, die sie von ihrem Wesen her an sich haben, fast immer das ganze Wesen aus. Vulgär ist nicht so sehr das Reden um des Redens willen, sondern das Reden um des Redens willen, während man überzeugt davon ist, man redete, um etwas zu sagen. Wenn Sie wirklich reden, um etwas zu sagen, werden Sie lernen, über alles mögliche zu schweigen.

Rivalinnen

Schon der Gedanke, bei der Eroberung eines Mannes eine Frau zur Rivalin zu haben, stößt mich ab. Wenn ein Mann zwischen mir und ihr schwankt, ist es besser, das Unglück, ihn zu bekommen, trifft sie. Manchmal habe ich mit jungen Männern zu tun gehabt, die nur auf ein Zeichen von mir warteten, um ihre Frau von der Bildfläche verschwinden zu lassen und sich in meine Arme zu werfen. Ich habe mich wohlweislich gehütet, es ihm zu machen, das Zeichen. Im Gegenteil, bestimmt zweimal habe ich schon kriselnde Ehen gerettet; beide Ehemänner hatten nämlich was mit mir gehabt, aber weit weg von ihren Lieben und ohne mich über ihren Familienstand in Kenntnis zu setzen, und es waren beide Male *sie*, die mir vorschlugen, *für immer* eine Beziehung mit ihnen einzugehen, also das Übel gleich bei der Wurzel zu packen. Doch ich habe ihnen immer geraten, offen mit den Frauen zu sprechen, die natürlich „von nichts eine Ahnung" hatten, denn ich für meinen Teil hätte bei meiner moralischen Einstellung zum menschlichen Elend kein Auge mehr zugetan mit dem Wissen, daß in meinem Bett, neben ihm, die Phantome einer befreiten, aber zerrissenen Familie lagen, oder zerrissen, aber befreit. Wollen Sie wissen, wie es in beiden Fällen ausgegangen ist? Ich muß vorherschicken, daß es sich bei beiden um kinderlose Paare handelte, doch beide Male hatte ich mir ein sehr positives Bild von der Intelligenz, der Gewitztheit und dem Sinn für Humor der Gattinnen gemacht und mich nicht getäuscht. Meine beiden Ex hatten ihr Bisex-Ventil zwei Ehefrauen gegenüber geöffnet, weil sie noch den dämlichsten Vorwand benutzt hätten, um die Scheidung einzureichen. Die Frauen hatten nur darauf gewartet. Hormone und Eierstöcke legten ungehemmt los, und in beiden Familien kam es, Schlag auf Schlag, zu jeweils zwei (Catania) und drei (Florenz) Geburten. Ich mußte meinen Ex-Liebhabern den Gefallen tun und beide Ehefrauen kennenlernen, und alle beide waren ganz begeistert von mir, daß ich ihre Ehen gerettet und sie fruchtbar gemacht hatte. Ob ihre Gatten mit mir ins Bett gingen oder nicht, war absolut belanglos, im Gegenteil, sie hätten sie mir noch nachgeworfen, Hauptsache, sie wären nachher wieder in den Stall zurückgekehrt. Ich aber habe, zutiefst unangenehm berührt, den Damen erklärt, daß mir das zuviel sei, und sie waren ganz verzweifelt angesichts der unbekannten Größe, wer denn bloß der zukünftige Geliebte ihres verlorenen Sohnes und fruchtbaren Ehemanns werden könnte.

Geheimnis

Das Geheimnis, wie man aus seiner Sexualität, ganz gleich unter welchem Zeichen sie steht, jeden Genuß zieht, unauslöschliches Vergnügen und Erregung und Begehren, liegt darin, sie nicht oder nicht mehr im Mittelpunkt seiner Gedanken stehen zu lassen. Sie alle haben sicher schon bemerken können, wie die Mehrheit aller Tunten unersättlich ist und von einem Mann zum anderen hüpft, ohne *je* abzuspritzen, in einer frenetischen Hast ohne Mitte, weil die Sexualität in ihnen die Mitte von allem ist, allerdings eine verpuffte Mitte, in tausend Stücke und in *alle* Richtungen geflogen, auch dorthin, wo man die Sexualität besser nicht um jeden Preis hinschleppt. Es muß Aktivitäten und Momente und Begegnungen im Leben eines Menschen geben, wo das sexuelle Anliegen im Ruhezustand bleiben sollte; es sollte nicht gewaltsam hineingezogen werden, denn es nutzt sich dadurch nur ab. Und doch verspürt man bei der Mehrheit der Homosexuellen, daß sie *immer* homosexuell sind, während mir von keiner Nymphomanin und auch dem unverbesserlichsten Mösenfresser nicht bekannt ist, daß sie unablässig heterosexuell wären. Die Ursache der intellektuellen und ästhetischen Depression der Homosexuellen liegt in jener stetigen Trübsinnigkeit über ihr *Problem*, mit der sie morgens aufstehen und sich abends ins Bett legen (und ergo nachts auch schlafen). Sie sind unfähig, sich je davon zu befreien, ihr Verhalten, Reden, Umgang, ihre Reaktionen und Gedanken sind stets getränkt von *Schwulheit*, was dazu führt, daß im Augenblick des sexuellen Verkehrs total die Luft raus ist und sie sich in ihren Bewegungen fast immer unkoordiniert, unbeholfen und unentschlossen zeigen. Mit anderen Worten, sie sind wie die kleine Spielzeugeisenbahn mit leergelaufener Batterie, die noch Tuut-tuut macht, aber sich schon nicht mehr von der Stelle rührt. Oft habe ich gedacht, ich wäre altmodisch mit meiner Achse Brescia/New York und der einzige, der noch ein bißchen Sperma in die Sache bringt. Es *kommt* einfach keiner mehr, Herrgott!

Also, wenn Sie cruisen gehen und die Wildbahn ist üppig frequentiert, dann rate ich folgendes: Tun Sie keinem einen Gefallen, der ihn nicht erwidert, fuckeln Sie nicht an zehn Männern rum, bis die abspritzen, ohne daß Sie selbst einmal kommen – nur um mit Nummer elf weiterzumachen. Wenn die Beute einmal aufs Korn genommen und erlegt ist, entsaften und verwursten Sie sie gründlich und lassen Sie sich von ihr entsaften und verwursten, mit Entschlossenheit, Konzentration und Zielstrebigkeit. Die Schwulen sind keineswegs wie

Adler, die nur so lange kreisen, bis sie ihr Opfer im Visier haben und sich darauf stürzen können; die Schwulen sind Geier, die sich oftmals an dem Aas gütlich tun, das sie selbst haben liegenlassen, und dabei handelt es sich wiederum um die Geier anderer Geier, die am Boden liegen, von vorne wie von hinten bereits ganz schön ausgesaugt, aber nie vollständig, bis auf die Knochen erledigt. Wenn Sie es mit *zwei* Männern treiben, so nur, weil Sie zweimal abzuspritzen wünschen, und wenn Sie dann zu einem dritten übergehen, tun Sie es nur, wenn Ihnen die Eier schon kurz vorm Platzen stehen. Der Gentleman meidet die Abnutzung der Bewegungen von Liebe und Sex zum bloßen Zeitvertreib, denn wenn der Geste und dem Wort nicht mehr die Tat entspricht, dann wird alles unnatürlich, zwanghaftes Laster, leerlaufende Wiederholung – und Sie werden zu einem frei herumlaufenden Irren. Das Geheimnis einer möglichen sexuellen Befriedigung liegt in der Erkenntnis, daß der schönste Mann derjenige ist, den man vor sich hat, und nicht derjenige, den man nicht hat.

Fangen Sie nichts an, das Sie nicht auch zu Ende bringen wollen. Der perfekte Gentleman läßt das bloße Anwichsen: Er ist entschlußfreudig und nicht übermäßig wählerisch, denn er weiß, am Ende schmeckt Hinz genauso wie Kunz oder Franz, und wenn die sich mit uns abgeben, so deshalb, weil sie auch nicht übermäßig wählerisch sind.

Der Gentleman, der eine untergeordnete Arbeit leisten muß

◯ Ah, der wunde Punkt von Sein und Schein, von Schein ohne Sein, von Sein ohne Schein, von Sagen oder Nicht-Sagen, von Nicht-Sagen oder Denkt-doch-was-ihr-wollt!

Sich *offenbaren*? Und die Karriere? *Sich nicht offenbaren*?

Jeder von uns läuft mit seiner ganz eigenen Sexualität durch die Gegend, die einen demonstrativ, die anderen diskret, doch unsere Sexualität ist ein Gewand, das wir oft gar nicht so sehr zur Schau stellen unter jenem anderen, das unsere Blöße bedeckt. Wenn ein Heterosexueller am Arbeitsplatz homöopathisch und staubkörnchenfein auf seine Sexualität anspielt (mit Gesten, Worten, Augenzwinkern, Witzeleien, homophobischen Äußerungen usw.), ohne deshalb auf die kleinste schlagfertige Replik zu stoßen (es ist ja „normal"), wie kann da ein Homosexueller überhaupt auf seine Sexualität anspielen, ohne sich ins eigene Fleisch zu schneiden? Soll er sie offen erklären, soll er sie offen verbergen? Leider stehen den Heterosexuellen unendlich viele Möglichkeiten offen, das zu sein und wirken zu lassen, was sie sind, während es einfach keine Art und Weise gibt, homosexuell zu sein, abgesehen von den verkrampften und angepaßten Modellen, welche die Frauen nachäffen. Wie sollte man sich als Homosexueller „verhalten"? Zuallererst verhält man sich mal überhaupt nicht: Vor lauter Verhalten kommt es nur zu Verhaltungen, man psychosomatisiert und macht aus dem Gewand der Gewandtheit die Gewohnheit der Gewöhnlichkeit. Für das Problem gibt es keine einfache Lösung, man müßte dann ja geradezu *nicht* davon absehen, welche Art untergeordneter Arbeit einer leistet und in welcher Umgebung.

Ich weiß noch, wie ich mich Anfang der siebziger Jahre verhielt, als ich einen richtigen Boss hatte und die Firma nicht mehr die Spülküche war, sondern metall- und textilverarbeitende Unternehmen von höchster Wichtigkeit. Ich hatte beschlossen, mich nicht offen zu erklären, genausowenig aber in *ihre* Falle zu laufen und so zu tun, als wäre ich etwas, das ich nicht war.

Ich muß an dieser Stelle sofort etwas dazusagen: Wenn an Ihrem Arbeitsplatz eine Frau ist, die Ihnen nachstellt, und Sie spielen nicht mit, dann sind Sie auf jeden Fall verratzt. Sie werden der Gerüchteküche kaum entgehen, und an einem Ort zu arbeiten, wo nichts ausgesprochen, aber ordentlich gemunkelt wird, das ist das Ende. Ich begreife die Homosexuellen nicht, die glauben, sie hätten das Problem gelöst (wo das eigentliche Problem doch darin besteht, sich aus den falschen Problemen der anderen ein Problem zu machen) und sagen: „Na ja, solange sie es nur denken und keine Beweise haben, ihr Bier", aber „denken" *heißt* „wissen". Die Beweise drängen sich nur so auf: Wer sie sucht, hat sie schon gefunden. Ein unterschwelliges Wissen unterminiert Ihre Existenz und Ihre berufliche Laufbahn mehr als eine idiotensichere Gewißheit mit lauter Eigenwerbungsflugblättern, auf denen Sie diese oder jene Vorliebe Ihres Zahnfleisches, Anus oder Ihrer Achselhöhlen anpreisen würden. Da es mir nicht recht gelingt, Ihnen klipp und klar zu raten, wie man sich den anderen gegenüber verhalten kann oder muß, bleibe ich lieber bei mir selber, und Sie können davon übernehmen, was am besten zu Ihnen paßt, ohne daraus ein Evangelium zu machen.

Ich weiß noch, wie einmal während einer Arbeitspause am Versammlungstisch (wir waren ungefähr zwanzig Abteilungsleiter aus den verschiedenen Bereichen der Firma, ich war im Innendienst und kümmerte mich um die Auslandsabteilung) einer aufsprang und einen Witz über Ihresgleichen machte.

Ich ließ ihn ausreden, und allen blieb das Gelächter im Halse stecken, als ich aufstand und wortwörtlich folgendes verkündete: „Sind Sie ganz sicher, keinen der Anwesenden beleidigt zu haben, wenn wir mal annehmen und zugestehen, Sie sind so sehr daran gewöhnt, eine Beleidigung für sich selbst zu sein, daß Sie schon drüber lachen können?" Und Sie glauben, ich hätte meinen Arbeitsplatz verloren? Nun, diesen einen schon.

Von dem Tage an wurde ich in jeder möglichen und vorstellbaren Weise boykottiert, aber ich ließ mich nicht entmutigen, arbeitete noch engagierter als zuvor, wurde unentbehrlich, man beförderte mich, und ich hatte Gelegenheit, sie alle zu demütigen, einen nach dem anderen. Und nachdem es ohne mich wirklich nicht mehr ging (ich hatte mir sogar vorgenommen, die bereits zu den Akten gelegten Außenstände einzutreiben, und drei von vier Malen ist es mir auch gelungen, unter großem Risiko, sicher – einmal wollte mich die ortsansässige Unterwelt sogar in einem Hamburger Kanal verschwinden lassen), ließ ich sie sitzen und ging woandershin, auf einen noch besseren Posten. Nur, damit die mal zu sehen bekamen, wozu Ihresgleichen alles fähig ist.

Es mag sein, wie es will, ob Sie auf der Bank oder beim Katasteramt arbeiten, Verkäufer oder Schieber sind, am Computer oder an der Waage, früher oder später wird es bekannt werden, früher oder später, Sie werden sehen, begegnen Sie an einem „anrüchigen" Ort demjenigen unter Ihren Arbeitskollegen bei der Arbeit, der am erhabensten über jeden Verdacht schien. Stellen Sie sich darauf ein. Sicher, wenn Sie Damenfriseuse sind und nur deswegen eingestellt wurden, weil Sie mit dem Hintern wackeln und in den Haaren der anderen Damen nur die Lockenwickler anwenden, die Sie selber drinhaben, dann stellt sich das Problem nicht. Ich würde mal so sagen: a) Alle wissen alles von allen, und wenn sie es nicht wissen, treffen sie, gerade weil sie es erfinden, immer ins Schwarze; b) es ist unmöglich, sich auf ewig zu verstecken, ob als Junggeselle oder als Verheirateter; c) Karriere macht man auf jeden Fall, wenn man über die entsprechenden Fähigkeiten verfügt, wobei es gewiß schwieriger wird, wenn Sie ein Gentleman sind, den es eben nichts angehen darf, was noch angeht oder nicht. An dieser Stelle ist festzuhalten, wie viele Karrieren in den hohen Sphären von Politik und Finanz funktionieren, indem die eigene Homosexualität einfach ausgeblendet wird, oder dank einer stillschweigenden Übereinkunft mit Bossen und Syndikaten, worin einer garantiert, daß er seine Homosexualität auch mit anständigen Schuldgefühlen lebt. Dies ist durchaus eine Variante der Libido, damit wir uns recht verstehen, denn auch das Bewußtsein, daß man jeden Augenblick in seiner Karriere behindert werden kann, falls die Sensoren für sexuelle Erpressung einmal nachlassen sollten, dient dem sexuellen

Vergnügen. Für mich ist das nichts, und das sollte es auch für einen waschechten Gentleman wie mich nicht sein. Einem perfekten Gentleman bleibt, zu diesem genauen Zeitpunkt in der Geschichte und bei der nur scheinbaren Befreiung der Sitten, eine einzige Möglichkeit, offen und listig und sogar siegreich durchzukommen: Er muß sich von der eigenen Sexualität ablenken und sie als einen öffentlichen Nicht-Ort betrachten, was keineswegs bedeutet, sie zu verleugnen, sondern heißt, sie vor der Welt derart zu vertreten, daß die Welt dazu gezwungen ist: a) sie nicht zu beachten; b) zu beachten, daß in diesem Zusammenhang jede Form der Erpressung zwecklos ist. Der perfekte Gentleman ist stets jemand, den man fürchtet; das steht unbestreitbar eine Stufe über allgemeiner Liebenswürdigkeit, wobei „allgemein" heißt: nicht nur zu Katzen, Wellensittichen und alten Omis. Ansonsten gibt es noch tausend andere Wege und Gassen und Seilbahnen zum Erfolg. Wenn es nur darum geht, eine Lohntüte nach Hause zu tragen und sich durchzuschlagen, dann kann man auch die Hauptstraße nehmen. Wenn Sie im Supermarkt an der Kasse nichts als zwei Eier in Ihrem Wägelchen haben, dann nehmen Sie doch zumindest die *Concorde* für Ihren Einkaufsbummel. Wer sich für die Wahrheit der anderen entscheidet, erzielt *eine* Art von Resultat; wem die eigene lieber ist, der kommt zu einem anderen Ergebnis: Beide sind ein garantierter Erfolg und ein garantiertes Scheitern zugleich. *Sie* müssen es wissen, aber ich wiederhole, da keiner irgendwas für nichts macht und oftmals nicht mal für sich selber, seien Sie nicht so dumm, sich Ihr ganzes Leben lang ausnutzen zu lassen und dabei nicht mal Sie selber zu sein. Wenn

Sie ein festes Gehalt bekommen und sich nach zehn Jahren weder Ihre Finanzen noch Ihre psychosexosoziale Gesundheit gebessert haben, na, dann sind Sie wirklich ein Trottel, der ein Gelübde abgelegt hat, es niemals weiter als bis zum Küster zu bringen, und recht geschieht Ihnen. Wenn sowieso schon klar war, daß aus Ihnen nichts wird, dann brauchten Sie auch nicht die Umgehungsstraße zu nehmen.

Je größer die Erpressung, desto höher das Lösegeld.

Outing

Im Licht der Sonne zu leben ist eine so unverzichtbare Erfahrung, daß uns ein Sonnenbrand kaum davon abbringen kann. Im übrigen habe ich Ihnen ja bereits nicht wenige Sonnenschutzmittel geliefert. Einen, der im Dunkel lebt, hervorzuzerren und mit Gewalt und gegen seinen Willen dem Licht der Sonne auszusetzen, ist dagegen ein Bärendienst: mit Vorsicht zu genießen. So jemand hat nicht mal Gewalt verdient. Es gibt nämlich eine Menge Leute, die nicht aus dem Dunkel treten wollen, sie sind so konformistisch und hochanständig, wenn da einer erführe... Ihre Angst ist auch dann Angst, wenn sie sich als Lässigkeit maskiert, voller Herablassung all denen gegenüber, die sich nicht für ihre lautstarke *Diskretion* entschieden haben, für ihre *Sittsamkeit*, für ihr *Das-gehört-sich-nicht*, denn sie haben nicht mal den Mut, konsequente Heuchler zu sein, und sagen einem ins Gesicht: „Wo ist denn das Problem?" Da heutzutage nur wenige, abgesehen vom hier anwesenden Monsignore, diesen Satz wirklich sagen können, ist natürlich sonnenklar, daß für sie das Problem durch eine unglaubliche Verharmlosung so groß geworden ist und sie zu Clowns gemacht hat, ja, oft zu gefährlichen Kriminellen, sich selbst und den anderen gegenüber. Wenn sie Clowns sind und keiner Fliege etwas zuleide tun außer dem Insekt, das in ihnen steckt, dann sollen sie ruhig in ihrem Spinnennetz hocken bleiben; wenn es sich aber um Kriminelle handelt, die sich politisch einmischen und sich direkt der Subkultur der Homophobie bedienen, dann gibt es kein Pardon: Tunte um Tunte, Tratsch um Tratsch. Oft haben sich gerade die Figuren an den Schaltzentralen der Macht am heftigsten selbst verleugnet, und zwar um so perfider und einschneidender, je besser sie die bösen Geister der „Operation Selbstkastration" mit Hilfe ihrer kulturellen und ökonomischen Instrumente ausgetrieben haben, die meistens über dem Durchschnitt liegen. Man muß diesen Homokraten mal klarmachen, daß sie es in Zukunft nicht mehr so leicht haben werden, wenn sie glauben, nicht nur sich selbst, sondern auch die anderen, die sich für ein offenes Leben entschieden haben, instrumentalisieren zu können. Ein Homosexueller, der sich verleugnet und der gesellschaftlich gefährlich ist (haben Sie schon bemerkt? Die wahren Ungeheuer sind immer die über jeden Verdacht Erhabenen), sollte jedoch nicht mit der x-ten sexuellen Erpressung unter Druck gesetzt werden, sondern mit einer wesentlich breiter angelegten, zivileren Erpressung, deren treffende politische Argumente seine

Machtstellung untergraben. Warum sollte man die Kleider einer homophoben Designertunte kaufen? Wenn man einen Homosexuellen öffentlich verdammt, weil er nicht offen homosexuell lebt, so fördert derjenige, der ihn auf die Straße fordert (eben aufgrund seiner versteckten Homosexualität), nur seine eigenen Schuld- und Schamgefühle zutage, das heißt, er setzt den perversen Mechanismus seiner verinnerlichten Fremdmeinungen in Gang und präsentiert das Vorurteil, daß Homosexualität immer noch etwas Häßliches sei, ein Käfig, dem keiner entrinnen könne – und genau das tut derjenige, der gern als Kätzchendompteur und Enthüller von Verhüllten auftritt.

Aids ist keine Entschuldigung für Langweiler

Die Liebe in den Zeiten von Aids ist wie die Liebe in den Zeiten der Cholera: Je weniger du es machst, desto mehr vergeht dir die Lust daran, je mehr du es machst, desto mehr Lust kriegst du. Die Liebe in den Zeiten von Aids ist die Liebe in jeder beliebigen Zeit: Gute Entschuldigungen, um drauf zu verzichten, hat es immer gegeben. Erst wenn sich die Menschheit unwiderruflich verabschiedet, erfindet sie eine Cholera oder Aids, damit endlich Schluß ist mit den kleinteiligen Entschuldigungen. Ein gesunder Mensch, ein Gentleman, ein Gentlemann und eine Lady, sie alle wissen, daß es nie möglich ist, den Hauch des Todes vom Hauch des Eros zu trennen, sie denken gar nicht dran. Das Leben ist ein ständiger Tod, wir bilden uns doch nicht ein, wir hätten ganz Amerika auf einmal entdeckt. Wenn einer um jeden Preis überleben will, braucht er sich bloß einen Kühlschrank zu kaufen und sich jedesmal reinzuhocken, wenn er eine Mikrobe auf der Pelle hat oder ein Haar im Kamm hängengeblieben ist. Da man nicht maßvoll leben kann, muß man eben geschmackvoll zu sterben wissen.

Und statt dessen schwelgt die erotische Atmosphäre heutzutage immer wollüstiger darin, aseptisch und dekadent und bis ins kleinste Detail mit dem richtigen Label versehen zu sein: Im Pneuma des Nichts verbrennt man *Pucci*-Räucherstäbchen rund um den postmodernen Alkoven *by Cicci*, kunstvoll und nutzlos zerwühlt, während ER, im reinseidenen Pyjama (Farbton Oktan) von der Firma *Chicca*, SIE betrachtet: ER betrachtet SIE, nackt auf einem Zebrafell, erfunden von *Dado*, vor dem Kleinkamin in rosa Marmor aus dem Hause *Patty Pomodoro*. Das Spiel, das jeder auf eigene Rechnung spielt, tief verstrickt in seinen insgeheimen Horror vor dem Virus, geht so: Wer schreit als erster „Leck mich doch am...", springt auf, zieht sich wieder an und knallt die Tür mit den Glasmalereien, später Jugendstil, empfohlen von *Filippona Design?!*

Nach neun Monaten, die solchermaßen vergehen, in dieser preziösen und mißgünstigen Kontemplation, nichts penetriert, nichts gelutscht, nichts geküßt, alles gestreichelt, daß sie sich schon vorkommen wie zwei mechanische Kindermädchen, stellen sie schließlich fest, daß sie es sich doch geholt haben. Wenn es so kommt, und so kommt es, dann ganz sicher wegen der ganzen Vorkehrungen, die sie getroffen haben, um ihm auszuweichen. Es bringt nämlich nichts, Fern-Petting zu betreiben (oh, wie „zärtlich" ist es doch, sich zum dritten Mal nacheinander selber einen runterzuholen!) oder Penis-Taucheranzüge überzuwerfen, wenn du schon seit Jahren genügsame Mahlzeiten auf Hamburger-Basis zu dir nimmst, aus Fischleim mit Quecksilber und kleinen radioaktiv gemischten Salätchen, und zwischen Wänden lebst, die aus toxischen Materialien gebaut worden sind, deren tödliche Ausdünstungen der einzige Besitz sind, den du deinen Erben hinterlassen wirst und diese den Erben ihrer Erben. Der perfekte Gentleman sollte nicht vergessen, daß er „es" sich leichter in einer strikt monogamen Beziehung holt als durch einen Lebenswandel auf der freien Wildbahn der gewissenhaften Promiskuität.

Ich bin sicher, daß wir uns letztendlich alle Aids holen werden, denn wir haben es ja schon – weil wir darauf warten; weil wer es nicht hat, so leben muß, als hätte er es; und weil wenn du's nicht hast, hat's der andere. Das ist wie mit Kaviar oder Champagner, wenn er dir ausgeht: Du mußt los und dir welchen borgen, auch wenn es dir unangenehm ist.

In meinem Leben habe ich schon oft und viele Arten von Aids gehabt, ich bin mit dieser Vorherbestimmung geboren worden und lebe seit gut vierzig Jahren prima damit. Um sie alle zusammenzufassen: Es handelt sich um das Aids, meine Existenz mit menschlichen Wesen teilen zu müssen, die insgesamt unwürdig sind, meine Zeitgenossen zu sein, mit lauter Marionetten der Normalität, der Gesundheit, des Erfolgs, des Geldes, des

„Selbst gemacht ist doppelt gespart", des „Du hast mir nie verziehen, daß ich in mir das Ungeheuer befreit habe, das du tief in dir trägst, daß ich aus dem Ungeheuer zuerst ein kleines Scheusal gemacht habe und dann langsam, aber unaufhaltsam eine Kreatur, erfüllt von jener Essenz, die wahre Ungeheuer wahrhaft nie verzeihen: Würde". Es ist das Aids, mit einer Bevölkerung zu tun zu haben, die zu fünfzig Prozent nichts anderes als Fernsehen kennt und im Leben kein Buch gelesen hat und die, da sie alle *neuesten* Entdeckungen der *Wissenschaft* zu diesem und jenem Thema wie Likör süffelt, eine tiefverwurzelte Neigung besitzt, mir zu erzählen, wie ich sein soll, was ich denken soll, wie ich mich ausdrücken soll, was ich tun darf und was nicht.

Was wäre schon ein bißchen Aids mehr oder weniger, wenn wir sicher sein könnten, daß es *die da* erledigt, zumindest zu fünfzig Prozent? Was kümmert mich eine Epidemie, die ein bißchen mehr oder weniger von ihnen vernichtet?

Das Problem ist nur, daß sie leider so tändelt und tänzelt und sich wetterwendisch aufführt, weil sie es nämlich *auch* auf die anderen fünfzig Prozent anlegt, zu denen nur Gentlemen, Gentlemänner und Ladies zählen. Es ist doppelt elend, sich mit dem Elend der anderen zu trösten, aber wenn dir gesellschaftlich gar nichts und politisch noch weniger bleibt und die Wissenschaft nur am Boden des Fasses der Volksverhetzung herumschabt, das sie aufgemacht hat, dann ist es immer noch besser als nichts.

Engherzig zu sein ist also nicht alleiniges Vorrecht der anderen. Schade, daß sich Aids auf die Besseren stürzt, auf die Drogenabhängigen, die gezwungen sind, sich ihre Spritzen zu teilen (womöglich auch schon Designerspritzen), die Bluter, die Organverpflanzten, die aber nur dann zu den Besseren zählen, wenn sie keinen Mörder beauftragt haben, um, sagen wir in Argentinien, eine Leber aufzutreiben und so ihr Hasenleben weiterzuführen. Aber wir dürfen nicht verzweifeln: Aids gedeiht auch unter den Schutzgeldfürsten, den Politikern mit einem Faible für Erpressung, den korrupten Industriellen und ihren würdigen, schlaffen Abkömmlingen, die Beruhigungsmitteln ergeben sind, Aufputschmitteln, Barbituraten, Kokain, Zen, Hakenkreuzen und Hermann Hesse.

Ich gestehe, daß die Vorstellung, die gesamte Menschheit könnte an Aids zugrunde gehen, an Bhagwan oder am Heuschnupfen, mich vollkommen gleichgültig läßt, vorausgesetzt, sie bleibt so dumm, daß sie sich zu Tode schämt, nicht zu Tode stirbt. Aber die Leute, die sich für unsterblich halten, schämen sich immer, wenn sie zugeben müssen, daß sie es nicht gepackt haben.

Ich, der ich im Augenblick des Schreibens wohl kerngesund bin (gar nicht wahr: ich habe ein Lungenemphysem, na was soll's, das ist die einzige Tradition, die mein Vater an mich weitergegeben hat, und mit Emphysemen kannte der sich aus), ich fühle mich schon seit je verloren. Ich weiß, daß meine Existenz und mein Brevier nichts zählen, nicht an sich, davon gehe ich ohnehin aus, sondern in den Augen der anderen, der Familienangehörigen, Bekannten, Verleger, Leser; im Gegenteil: Kaum bin ich tot, werden sie schon den Tanz um die Rechtsnachfolge eröffnen und die Seligsprechung.

„Ach, der Monsignore, alle dachten, er wäre so und so, aber er war gar nicht so. Ich habe ihn gut gekannt, ich habe einen halben Sommer mit ihm getanzt, ein Bekannter mit einem Unbekannten. Nach einigen Band-Scheiben-Schwierigkeiten hörte er nur noch CDs. Wenn er nicht das Ave auflegte, Maria Callas, dann schrieb er seine Romane als Toter, da er versprochen hatte, nur fünf Romane in seinem Leben zu schreiben. Er war unschlüssig, ob er nicht besser daran täte, den vierten (der eigentlich schon der achte war) zum dritten zu erklären." Bei diesem Stand der Dinge habe ich schon seit einiger Zeit beschlossen zu sterben, angesichts der Tatsache, daß das die einzige Möglichkeit ist, die Menschheit zu strafen und auf großem Fuß zu leben. Wenn man bedenkt, daß in mir kein spanischer Grande schlummert, keine falsche Tragik, keine Kultur des Todes als extreme Geste eines insgesamt imperialen Luxus! Des Todes werde ich mich, wie alle zutiefst kultivierten und wohlerzogenen Gentlemen, niemals schämen. Ich finde ihn schön und gerecht und gut, Hauptsache, er ist endgültig und präsentiert mir im Jenseits kein theosophisches Gekröse. Ich kann einfach nicht als quicklebendiger Lebender leben, ohne es mir immer wieder bewußt zu machen: Ein Gentleman wird niemals so tief sinken, ernsthaft die Anmaßung in Erwägung zu ziehen, um jeden Preis den Unsterblichen zu mimen. Man sollte auch nicht die äußerste Schwäche an den Tag legen, ein Epitaph zu hinterlassen. Weißt du, wie viele Jahrhunderte so ein Marmorstein braucht, bevor er zerbröckelt ist? Eine Ewigkeit.

Ach richtig: Geschlechtskrankheiten. Ich habe mir immer Geschlechtskrankheiten eingefangen, ich habe sie nie jemandem angehängt; ich stand stets zu sehr unter medizinischer Kontrolle, achtete allzu sehr darauf, das Bösartige zu bewachen und seine Wirkung zu begrenzen – auf mich –, das lag an der Egozentrik meiner jungen Jahre. Ich habe mir sogar ganz bewußt die Syphilis geholt, weil ich fürchtete, keiner im Café Sport würde mir glauben, daß ich die Gemeinde gewechselt hatte und in Paris gewesen war, am anderen Ufer. Wenn es einer sowieso nicht weiter bringt als bis zu Filzläusen, dann reicht es doch, wenn er weiter in seinem Dorf beten geht. Ich habe noch nie jemanden kennengelernt, der als Meßdiener anfing und kein Dandy wurde.

Ich bin von allem genesen: Syphilis (in einem Frühstadium, wie es früher nicht geht, aber die Belohnung konnte mir keiner streitig machen), virale Hepatitis, Hämorrhoiden (verätzt: ein immer seltener werdender Leckerbissen, jedem Gentleman zu empfehlen, der *in puncto* Radikalität maßlos ist), Gürtelrose, Darmamöben, chronischer Schleimfluß, Katholizismus, erste Republik, Christdemokratie, Einkommensteuervorauszahlung, Grundsteuer, Wojtyla und Berlusconi. Im Vergleich dazu scheint mir Aids nichts Besonderes zu sein, außerdem sind sie jetzt in Holland so nett und avantgardistisch, einem Gratis-Euthanasie anzubieten. Ich habe HIV-Positive noch und nöcher kennengelernt, einige auch mit Vollbild Aids: Sie sind erst hinterher gute Menschen geworden, vorher waren sie Weltmeisterarschlöcher. Aids hat sie gütiger gemacht, und logischerweise habe ich keine Ahnung, was ich mit dieser Güte anfangen soll. Das ist wie diese Ehefrau, die ihrem Mann keinen blasen wollte, er bittet sie und hofiert sie und verwöhnt sie jahrelang, aber sie bleibt stur; und als sie ihn mit gepackten Koffern an der Tür sieht, rast sie hin, um ihn aufzuhalten, wirft sich auf die Knie, um ihm endlich zu geben, was sie nie zuvor getan hat. Kein Wunder, wenn er sie mit einem Tritt in die Fresse an die Wand befördert.

Der Gentleman kalkuliert seine Tempi richtig; er wartet mit dem Gutwerden nicht ab, bis ihm nichts anderes mehr übrigbleibt. Der perfekte Gentleman verteidigt, wenn er stark ist, seine Interessen, indem er sie für die Schwachen verteidigt, nicht erst, wenn er selbst schwach geworden ist: zu spät. Wie dem auch sei, ich empfange diese Jungen in meinem Pfarrhaus (sie haben die einzige Qualität verloren, die sie zu bieten hatten: daß sie Arschlöcher waren!), und ich streichle sie, ich tröste sie, oft weine ich mit ihnen, aber nie voll und ganz, denn ein Arschloch bin ich nie gewesen. Ich übertreibe auch aus einem anderen Grund nicht: Wenn Trost und Zuspruch vorbei sind, rufe ich sie wieder zur Pflicht, daß sie mir jetzt nur nicht wegen so einer Lappalie zu Langweilern werden. Allzuviel Einfühlungsvermögen würde mir an ihrer Stelle auch nicht gefallen. Es liegt ein Mangel an Schamgefühl darin, ihnen vorzugaukeln, ihnen ginge es schlechter als dir, und sich selbst vorzugaukeln, dir ginge es besser als ihnen. Besser, man ist deutlich und ein bißchen brüsk, als daß man Zeit verliert mit einem Mitgefühl, das sie gar nicht verlangt haben. Sie wollen einfach nur bis zum letzten Moment lebendig sein.

Ich für meinen Teil möchte so sterben, wie ich gelebt habe: in der absolutesten und geschwätzigsten Einsamkeit. Kein Seelenplazebo, kein Erbarmen. Deshalb: Wenn ich mich aus dem Verkehr zöge, so nicht aus Scham, sondern weil ich mich weiterhin alleine um meine Angelegenheiten kümmern kann, wie ich es immer getan habe, selbst wenn es zuweilen auch die Angelegenheiten eines anderen hätten sein sollen, aber die wollte nie einer. Jede mögliche Form der Hoffnung habe ich meinen Büchern eingeflößt, also erwarte man bitte nicht mehr allzuviel von mir. Aber dies ist kein Testament, sondern ein mentaler Test in Sachen Dickköpfigkeit. Ein echter Gentleman läßt die anderen ihr Testament machen und nimmt huldvoll die Eckschränkchen entgegen, die Louis XIV-Möbel und auch die schlichten Fragonards, die andere perfekte Gentlemen auf ihrem Sterbebett etwa mir vermachen wollen, zur Erinnerung.

Seien Sie höflich bis zum Schluß und fahren Sie nicht per Anhalter: Sie sind derjenige, der alle anderen zum Friedhof begleiten muß. Und wenn es darum geht, wer hinter Ihnen herkommt, darum kümmere ich mich schon.

Verabredungen und Versetztwerden

Was kennzeichnet das Wesen des perfekten Gentlemans, mal sehen: Es ist die Fähigkeit, eine Form zu finden dort, wo es am schwierigsten ist, wo man aus Faulheit, aus Unduldsamkeit, aus Gleichgültigkeit seinem Nächsten gegenüber am liebsten mit einer Lüge oder einer beherzten Geste der Gewalt kurzen Prozeß machen würde. Warum ich die doch so faszinierenden Gewalttäter und Verbrecher nicht schätze? Weil sie mir, bei aller Faszination, doch die höchste Faszination der Form schuldig bleiben. Arsène Lupin ist ein Mythos, der Bankräuber von nebenan nicht: Unbestreitbar sind alle beide bestenfalls ultragewöhnliche Diebe, mit dem Unterschied, daß Arsène Lupin niemandem gegenüber je physische Gewalt angewandt hat und psychische Gewalt nur individuell zugeschnitten auf die Opfer und ihre Juwelen. Aber wer würde letzten Endes nicht gerne von einem solchen Dieb beraubt? Oh, wenn uns jemand eine Verabredung abringen will, die wir nicht einzugehen wünschen, müssen wir Gentleman genug sein, um sie möglichst feinfühlig abzulehnen, nicht aber zustimmen und dann nicht hingehen. Ich bin Experte darin, versetzt zu werden, da ich selber absolut niemals jemanden versetzt habe und stets pünktlich zur Stelle war, um die Begegnung mit dem Fremden oder sein Ausbleiben zu bezeugen. Wer heute eine Verabredung für den Zeitpunkt X eingeht, der bewahrt diese Verpflichtung in einer Kristallkugel, losgelöst von den Zeitläufen und allen unvermeidlichen Kurskorrekturen, die sich zwischen jetzt und dem Morgen ergeben können, zwischen dem Ich, das ich heute bin, und dem Ich, das ich am Ende der Zeitspanne X sein werde. Eine Verabredung eingehen – keinen Arbeitstermin natürlich, sondern ein Rendezvous – heißt, während der gesamten Zeit bis dahin seine Existenz auszusetzen oder auf keinen Fall zwischen dem Zeitpunkt der bindenden Zusage und dem Zeitpunkt des vorgesehenen und ausgemachten Treffens eine Verabredung und Begegnung von vergleichbarer Gefühlsbedeutung einzuschieben. Eine Verabredung schafft Vorfreude, aber auch Sittlichkeit, denn in ihr drückt sich Respekt oder Rücksichtslosigkeit dem anderen gegenüber aus. Eine Verabredung dieser Art ist ein klein wenig irreal, eine Falle für so manchen Traum, so manche Hoffnung und so manches Begehren, welche sich in dem Zeitraum, der uns noch von dem Treffen trennt, hervorwagen; zu viele Tode also in uns, als daß wir nicht pünktlich beim Stelldichein wären – nur um dann festzustellen, daß der andere pünktlich nicht gekommen ist. Warum soll man jemanden ohne Not verletzen? Bloß weil man es nicht fertiggebracht hat, nein zu sagen? Um eine Nervensäge loszuwerden? Aber es gibt doch gar keine Nervensägen, jedenfalls nicht als Entschuldigung dafür, zu vergessen, daß der Beharrliche oder Unerwünschte ein vollkommen normaler Mensch ist, der darum kämpft, uns sein kleines Stückchen von der Glücksbeute zu entreißen. Wer es ihm nicht jetzt geben will, der sage bitte auch nicht, nur um eilig aus der Klemme zu kommen, er würde es ihm morgen geben, also niemals. Der Gentleman verhält sich jedem Menschen gegenüber einfühlsam, insbesondere, wenn dies ein ausnehmend titanisches Unterfangen darstellt. Wenn Sie sich bereits entschieden haben, jemanden zu enttäuschen, so tun Sie es sofort, gleich an Ort und Stelle, und legen Sie etwas Anmut, etwas Form hinein, das befreit Sie, und das befreit auch ihn. Sie werden immer einen Weg finden, sich zu verflüchtigen, falls Sie das wünschen; rächen Sie sich an niemandem, indem Sie ihn die Lage bringen, Geister zu entfesseln, die sich auf die Begegnung mit dem endgültigen Geist vorbereiten: mit Ihnen, der Sie nicht erschienen sind.

Es gibt keine Entschuldigung dafür, eine Verabredung gleich welcher Art zu versäumen. Ein Gentleman geht immer und in jedem Fall hin, weil dies seine Pflicht und sein Recht ist, und er beklagt sich nie, weder weil der andere ihn versetzt hat, noch weil er selber da war. Ein Gentleman legt den Teil des Weges zurück, der ihm zukommt, und er sollte stolz darauf sein. Wenn sich dann auf halber Strecke keiner blicken läßt, na ja, so ist doch immerhin er selber da. Es gilt allerdings das Prinzip, daß keine Entschuldigung gilt. Einzige Ausnahme ist der Tod des Säumigen; und wenn dieser *im nachhinein* wieder zum Leben erwachen sollte, um Verzeihung und um eine zweite Chance bittet: um eine neue Verabredung mithin, so ist ihm diese *niemals* und unter gar keinen Umständen zu gewähren, und wenn wir noch so sehr nach dem Knaben lechzen. Ich sage das, weil ich als junger Mann schon bis zu zweimal am selben Tag versetzt worden bin, und auch kürzlich noch, als (allerdings würdiger) Greis. Letztere Verabredung hatte ich keineswegs gewollt, sie war mir abgerungen worden (zu meiner höchsten Freude, muß ich allerdings gestehen: Dieser Junge gefiel mir wirklich ausnehmend, er wirkte auf mich wie ein Gentleman und war darüber hinaus in meinen Augen auch sehr stattlich und phantasievoll), und ich habe mich kein bißchen gelangweilt dabei, sechzig Minuten am vierundzwanzig Stunden zuvor verabredeten Ort auf ihn zu warten. Ich konnte es nicht fassen. Es war Jahre her, daß ich, da ich mich weder auf Verabredungen einließ noch anderen welche aufdrängte, irgendwo herumstand und auf jemanden wartete, noch dazu auf jemanden, der mir gefiel; es war Jahre her, daß mich jemand versetzt hatte. Ich legte mir einige Hypothesen zurecht, daß der junge Mann etwa mir anmaßendem Schriftsteller als Person des öffentlichen Lebens eine Lehre erteilen wollte oder daß er sein Spiel treiben wollte mit mir als nahezu altem Menschen, der es gewagt hatte, sich mit einem so schönen Jungen zu verabreden; mir fiel sogar ein, daß er womöglich deshalb nicht da war, weil er dachte, daß garantiert ich nicht kommen würde. Na aber! Drei Stunden später meldet der Knabe sich telefonisch, entschuldigt sich auf tausendundeine Weise, fleht mich an, ihm zu verzeihen, er konnte wirklich nicht, er war am anderen Ende der Stadt, fragt mich, ob wir uns nicht gleich jetzt treffen können, er würde auch bei mir vorbeikommen und so weiter und so fort. Ich habe ihm gesagt, daß ich mich rein psychologisch nicht erneut in einen Zustand des Wartens versetzen könne, auch nicht für dreißig Sekunden, weil ich zuviel gelitten hätte (nein, das habe ich ihm nicht gesagt, eine solche Vertraulichkeit hatte er nicht verdient: Schließlich ging ihn das gar nichts an). Ich habe sogar der Versuchung widerstanden, ihm gegenüber ausfallend zu werden, da er sich ja dem Risiko meines Zorns ausgesetzt hatte, indem er mich anrief, und ganz liebenswürdig habe ich ihn gebeten, nicht weiter darauf zu beharren. Ich habe ihm von den beiden Malen erzählt, da ich in meiner Jugend versetzt ward, er bestand darauf, daß ich seine überaus wertvolle (für ihn!) Telefonnummer aufschrieb, was ich tat, er ließ mich hoch und heilig versprechen, daß ich ihn baldmöglichst anrufen würde, kurz, er vermittelte mir wirklich das Gefühl, er werfe sich mir zu Füßen, gebrochen von der Unerschütterlichkeit, mit der ich all seinem Bestürmen und Schmeicheln widerstand. Vier Tage lang habe ich herumgetändelt mit diesem kleinen gelben Zettel mit seiner Nummer drauf, es kam mir vor, als hätte ich glühende Kohlen in der Brieftasche, auf der Höhe des Herzens. Und dann, eines Morgens, als ich auf der Autobahn in Richtung Innenstadt fuhr und vorausahnte, daß ich bei meiner Ankunft zu Hause als erstes wahrscheinlich diese Nummer anrufen würde, da biß ich die Zähne zusammen, zog die Brieftasche heraus und das Zettelchen wiederum aus dieser, und ohne noch einmal hinzusehen, habe ich es in Stücke gerissen und aus dem Fenster flattern lassen. Ein weiteres Mal hatte ich unbeirrt die allerwichtigste Verabredung eingehalten: die mit mir selbst.

Fotos bei der Inneneinrichtung

Ich bitte Sie tausendmal: keine Fotos von Ex-Flammen, die Ihre Wohnung übersäen, keine Mini-Altäre des Personenkults auf dem Toilettentisch in Bad und Schlafzimmer, keine Devotionalien von Liebe und Nostalgie. Da kann ein Fremder, dessen Auge beim Betreten der Wohnung darauf fällt, schon mal die gereckte Lanze sinken lassen, und zwar gründlich. Lassen Sie Ihre Vergangenheit, so menschlich bewegend und lehrreich sie gewiß für Sie gewesen ist, nicht in die Gegenwart hineinwuchern, welche Sie gerade mit einem Mann zu teilen gedenken, der *noch* kein Foto ist.

Gerade in den Augenblicken, wenn wir bereit und willig sind, alles hinzugeben, wäre ein jeder bereitwillig mit einem Teil zufrieden. Sagen Sie mir doch mal, welche Wirkung es wohl auf einen sensiblen Mann hat, wenn er dieser armen Frau, Ihrer Mutter nämlich, in die Augen schauen muß, die von der Kommode herunter mitansieht, wie er ihrem Sohn heftigste Stöße versetzt! Nein, überlassen wir solcherlei geschmackliche Schwächen lieber den Eheleuten, die per Statut stets wissen, wen sie sich ins Bett holen, jedenfalls ins häusliche. Doch wenn die Vergangenheit nur einem der beiden gehört, nehmen Sie Rücksicht auf denjenigen, dem es ganz recht ist, noch keine zu haben, vor allen Dingen nicht mit Ihnen, der Sie nichts Eiligeres zu tun haben, als einen Körper zu einem Bild zu reduzieren, einen Körper, der dem einzigen entgegenbebt, was im Leben zählt: dem, was noch nicht ist, lebendig und in kein Bild zu fassen. Statt so viele Fotos für nichts entwickeln zu lassen, entwickeln Sie lieber ein bißchen Gedächtnis. Wer im Begriff ist zu *sein*, einen weiteren köstlichen Augenblick seines Lebens zu erfahren, der will nicht in unverdiente Bedrängnis geraten durch eine Vergangenheit, die ihn nichts angeht. Wer fotografiert, um zum Leben zu erwecken, tötet ab und stirbt. Es gibt Katafalke, die überläßt man besser den Leuten, die fast ausschließlich heiraten, damit sie später in einem Album blättern können – oftmals die einzige Garantie für ein Leben, das, soweit man sieht und hört, wirklich zu zweit stattgefunden haben muß.

Frauen

⚮ Frauen?

„Akzeptiert sich" der perfekte Gentleman oder nicht? Und was soll das heißen?

Lieber Student der Psychologischen Fakultät von X,

⚮ wie viele Fragen Du mir auf einmal stellst! Unmöglich, sie alle zu beantworten, aber ich werde versuchen, summarisch auf sie einzugehen, und wenn Du dem Strang aufmerksam folgst, wirst Du Deinen roten Faden schon selber finden.

Wenn ich das Ausmaß der Dummheit eines Menschen ermitteln will, frage ich ihn in der Regel, was er von der männlichen Homosexualität denkt – wenn es sich um einen Mann handelt, frage ich ihn nie nach der weiblichen Homosexualität: Er denkt sehr gut von ihr, seiner Meinung nach sind Lesben eher besser im Bett als andere Frauen. Das nur mal so, um anzudeuten, wie ein Mann auf die unsäglichsten Fragen antwortet.

Bis heute ist mir noch nie *die* intelligente Antwort untergekommen, weder von einem Hetero noch von einem Homo, bloß verschiedene Ebenen derselben

Idiotie, repressiv, vorsichtig, tolerant, offen, fröhlich, mörderisch, verdrängt, Frou-Frou und Amen. Der Ärger ist, jeder hat eine Meinung dazu. Die Homosexualität spielt dabei dieselbe Rolle wie die Utopie des Staates in der marxistischen Ideologie: Es gibt sie erst, wenn sie nicht mehr da ist, will sagen, wenn sie existiert, ohne daß irgend jemandem noch ihr Da-Sein auffiele. Ja, und schauen wir uns doch mal an, wo dieses Konzept vom perfekten Staat *in absentia* die sozialistischen Nationen hingebracht hat: Alles war Staat, die einzige existenzielle, lebendige – und tödliche – Präsenz war der Staat, nichts als der Staat, in einer spirituellen und materiellen Engmaschigkeit ohnegleichen. Also machen wir uns lieber nichts vor: Die intelligente Antwort ist ganz einfach die am wenigsten idiotische, von Mal zu Mal, Jahrzehnt zu Jahrzehnt, Mensch zu Mensch.

Was das *ob* betrifft, ob man homosexuell ist – es bringt nichts, sich „anzunehmen" oder sich nicht anzunehmen, zu akzeptieren oder abzulehnen, erklärter und erklärender Homosexueller zu sein (wie ich) oder eine heimliche Klemmtrine (wie Du, solange es funktioniert: Es funktioniert aber *nie*). Ich bleibe dabei: Es ist genauso dumm, wenn einer stolz auf sein Schwulsein ist, wie wenn er sich dadurch gedemütigt und tödlich (und lebenslänglich) beleidigt fühlt. Wenn die Homosexuellen endlich damit aufhören wollten, sich gegenseitig was vorzuheulen über ihr angebliches Elend und ihre vorgeprahlte Diskriminierung, und sich statt dessen mal in der verrotteten und abscheulichen Welt umschauten, die sich Männer und Frauen auf den Leib geschneidert haben, um sich gegenseitig zu zerfleischen und zerfleddern, dann würden sie vor allem auch aufhören zu glauben, es gäbe eine bessere Form der Sexualität, bloß weil es nicht ihre ist und ihre nicht mit der Mehrheit konform geht; die hatte in ihrer Heterosexualität eher noch weniger Auswahlmöglichkeiten als wir. Im übrigen kann man doch nicht sein Leben damit zubringen, darüber zu klagen, daß das Gras beim Nachbarn immer grüner ist: Versucht doch mal, in Eurem eigenen Garten Rasen zu säen und ihn zu pflegen, statt drauf rumzutrampeln, nur um nachzuschauen, wie grün es denn inzwischen beim Nachbarn aussieht! Es gibt kein Elend, das dem anderen vorzuziehen ist, und ab und zu hat Mama das rechte Sprichwort parat, das eine ausführliche Abschweifung über den Unterschied und die Vereinbarkeit zwischen dem Abweichenden und dem Anerkannten wert wäre: Wenn jeder mit seinen Problemen auf die Straße ginge, um sie dort abzuladen, würde er, kaum daß er das Elend der anderen sähe, schleunigst wieder nach Hause gehen und seine eigenen Probleme gegen keine anderen auf der Welt eintauschen wollen.

Du verlangst von mir Antworten, die Du aber unfairerweise schon in Deine Fragen hineinlegst, so krankhaft und tiefinnerlich bist Du bereits der Wahrheit der anderen hörig, so sehr haßt Du Dich selbst (dermaßen, daß Du nicht einmal mehr echte Fragen formulieren kannst, die als einzige wirklich Gefahr laufen, echte Antworten zu erhalten, nicht bloß Antworten, die Du Dir schon selber gegeben hast und von mir noch bestätigt haben willst), so sehr verachtest Du Dich, so sehr möchtest Du anders sein als das andere, was Du zu sein glaubst – so sehr, daß ich nicht weiß, was es bringen soll, wenn ich dir extreme Antworten gebe, die Du vermutlich gar nicht hören kannst, unter diesen Umständen. Du machst aus Deiner Homosexualität (die Du verdrängst: logisch!) einen Grund zur Isolation, zur Abtrennung, zur Ablehnung der Welt, Du redest (wie alle Priester, die es dann hinterher umso bunter treiben) von Keuschheit, von Verzicht, und in Deiner Gottlosigkeit hast Du auch noch das Pech, nicht einmal die Angst vor der Sünde und der Verdammnis draufsetzen zu können. Aber nur, weil es nicht mehr schick ist, nicht weil Du weniger katholisch wärst als alle anderen. Doch Homosexualität ist kein Brandmal, keine „Natur": Die Homosexualität ist eine der vielen möglichen kulturellen Erfahrungen eines Mannes, wie die Aufklärung, die Romantik, die Linguistik, die Zwölftonmusik, die Psychoanalyse, die organische Ideologie, der Dadaismus, die Biotechnik, die Quanten- (oder Tanten-)Theorie. Es ist schön, so viele kulturelle Erfahrungen wie möglich zu machen, und auf jeden Fall ist es besser, welche zu machen als keine: Eine ist keine, denn Kultur ist nur, was der Kultur, die man schon hat, entgegensteht. Der Mensch ist keine Kraft der Natur; wenn er eine Kraft oder Schwäche ist, dann der Kultur. Das unnatürlichste Wesen, das ich kenne, ist der Mensch, er ist so wenig natürlich, daß er sich, im Unterschied zu allen anderen Tieren, denen die Natur vollkommen wurscht ist, eine erfunden hat, die er an- oder ablegt; dabei weiß man doch, daß die Natur nur eine Wendung des Geistes für wenig raffinierte Geister ist. Kein Wunder, daß der Mensch, das erste Tier, dessen Sein sich im Verhältnis zum Nicht-Sein definiert, zum Tod also, einer gesellschaftlichen Konvention, die den anderen Tieren, soweit man weiß, unbekannt ist, noch viel Schlimmeres getan hat, da er ein Ziel braucht, um die Angst vor dem Tod zu überwinden. Er hat sich eine Herkunft gegeben, um das Wunderbare am Leben zu überwinden, ja letztlich selbstverständlich zu machen, *zwangsläufig*. Einem perfekten Gentleman fallen solche Hirngespinste nicht ein. Er kann Gentleman sein, ohne immanent oder transzendent zu sein, er hat Kant gelesen, vor allem aber hat er meine Predigten gelesen. Der perfekte Gentleman nutzt die Philosophie und die Literatur der anderen, um selbst so wenig wie möglich davon zu produzieren. Wenn er sich mit der Religion auseinandersetzt, so verliert er dabei nicht aus dem Auge, daß Gott entweder im Klingelbeutel endet oder gar nicht erst beginnt. Gibt der Gentleman ein Almosen, so gibt er es nicht Gott, sondern dem Küster, und zwar aus den unterschiedlichsten Gründen – etwa ein Leben in Ruhe und Frieden oder weil der Küster nicht nein sagt. Der einzige Weg, keine idiotischen Antworten zu bekommen, ist die Vermeidung jeglicher Frage, die sich mit den Weihen der Intelligenz schmückt. Der perfekte Gentleman verwandelt jeglichen apokalyptischen Chiliasmus in ein Eselsrennen: Es gibt nichts Endgültiges, solange Ihr leben wollt, und jede Definition, die ihre Demontage überlebt, ist der Tod, der sich in die Herzen eingesenkt hat. Wenn Dir unterläuft, daß Du ein Sendungsbewußtsein verspürst und plötzlich Jünger um Dich scharst, dann leg schnell die Platte irgendeines Sektengurus auf, Du wirst sehen, wie schnell Dir das vergeht.

Wer lebendig ist, entscheidet sich nie ein für allemal im Leben, und ob man Homosexualität für eine Übergangs- oder eine Dauerkultur erklärt, beides wäre ein Verlust: Da jede Kultur eine *andere* kulturelle Erfahrung ist (ach Quatsch, *anders*, wenn man es recht bedenkt...), muß sie, um wirklich schön und sexy zu werden, immer *vorübergehend* gelebt, verdaut und verbraucht werden. Sie läßt in uns nur jenen kleinen ausreichenden Rest zurück wie alle anderen menschlichen, also: kulturellen Erfahrungen, die wir möglicherweise gemacht haben. Wenn einem etwas ständig auf dem Magen liegt, so deshalb, weil es jeglichen Nährwert verloren hat und nur seine Ballaststoffe übriggeblieben sind. Und Du schlägst Dich noch immer mit einer fixen Idee herum, die antikulturell *par excellence* ist: Wird man so geboren, oder wird man's später? Eben nicht! Alles, was den Ursprüngen einen Ursprung geben will (den Ursprüngen der Sexualität, Gottes, der Rasse im absoluten Sinne, d.h. affirmativ und einseitig gerichtet oder überhaupt richtungsweisend, noch schlimmer), ist dermaßen idiotisch, daß der perfekte Gentleman, falls er kein Kirchenpater ist, sich wohlweislich davor hüten wird, darüber zu diskutieren. Die Frage nach Ursache und Wirkung ist ein Zeitvertreib für Mandarine, die daran leiden, die Massen führen zu wollen, jene Leibeigenen der Scholle, die, da sie eben nicht die Mandarine der machthabenden Kultur sind, dazu angehalten werden, in Abhängigkeit von einer vorherbestimmten Natur zu leben, zum Zwecke der Rettung ihrer Seelen und vor allem zum Schutz ihrer Arbeitskraft. Den Werktätigen Gottes wird gern eine Herkunft angehängt, die, einmal verinnerlicht (durch Muttermilch, Zwangsarbeit, gesellschaftliche Erpressung, Gulag, Kerker, Folter und hübsche

Weihnachtspräsente), aus ihnen brave, gebrauchsfertige kleine Sklaven macht.

Du bist zweiundzwanzig, männlich, einsfünfundachtzig groß und schön wie die Sünde. Männer und Frauen drehen sich auf der Straße nach Dir um; wenn Du von mir wissen willst, was Du tun sollst, dann hast Du zu diesem Zeitpunkt Deines Lebens eine einzige Pflicht: Genieße es. Versprühe Deine sexuelle Kraft mit anderen, es macht so viel Spaß, mit Männern zu vögeln, Du brauchst gar nichts zu machen, die Prostata kümmert sich um praktisch alles. Sex ist von sich aus schön und edel, er braucht kein weiteres Alibi, um sich in einer Tauschaktion zu äußern. Die Liebe aber ist schändlich, wenn man sie als unnötiges Alibi mißbraucht für einen Trip zu zweit auf einem der wenigen Vehikel, durch die Dich das Leben für einen Augenblick unsterblich und allgegenwärtig macht. Doch willst Du zu Deinem Teil kommen, mußt Du über das Teil des anderen gehen, und weißt Du etwa, wie lange dieser flüchtige Augenblick des Rausches anhält? Auf seinen Flügeln ruht die Unsterblichkeit, also stutze sie Dir nicht, irgend jemand wird Deine Flügel noch brauchen, um abzuheben. Für alles andere, na ja, dafür hast Du noch Zeit, wenn das Alter kommt. Sorge dafür, daß es Dich nicht ereilt, wenn Du meilenweit nach nicht-gelebtem Leben stinkst, nach nicht-umarmt, nicht-geliebt, nicht-dabeigewesen. In Deinem Alter wäre es eine Sünde, das walten zu lassen, was mit fünfzig angebracht ist: Psychologie. Die Tatsache, daß Du ebendiese studierst, sollte Dir dabei helfen, sie niemals aus Deinen Studienbüchern entweichen zu lassen. Doch von dieser ganzen Predigt, die Du hoffentlich so schnell wie möglich wieder vergißt, bleibe Dir nur eines in Erinnerung: Der beste Aphorismus ist derjenige, auf den man verzichten kann. Besser, man irrt mit dem eigenen Kopf, als es mit dem Kopf der anderen richtig zu machen.

Wer homosexuell ist und wer nicht, auch wenn er hinter den Männern her ist wie der Teufel

Homosexuell ist derjenige, welcher, ob er's nun mit Männern treibt oder nicht, Schuldgefühle hat, weil er's macht oder nicht macht. Nun ist die Homosexualität desjenigen, der Schuldgefühle hat, weil er's nicht tun kann, aber ach so gerne möchte, am gefährlichsten für die Homosexuellen, die es tatsächlich tun: Hinter den vielen, vielen Chamäleons, welche die Familie und die ewigen Werte hochhalten, verbirgt sich so manche Natter am Busen, so manche rachsüchtige, bösartige, wutschäumende Tunte, die sich als Messias verkleidet hat. Doch nicht davon will ich sprechen, nicht von diesen Schuldgefühlen, sondern von jenen Schuldgefühlen, die fast alle Homosexuellen haben, ob offen oder nicht, denn mit den Männern treiben sie's, und ob jung oder alt. Sie sind Homosexuelle, die sich schämen, und letzten Endes wären sie alle so gern *nicht* homosexuell – wobei sie sich deswegen noch lange nicht notwendig als Heteros tarnen. Die Frage ist viel einfacher, als die scheinbar unergründliche Fassade, die sie präsentiert, annehmen läßt.

Ich bin noch nicht in der Lage zu sagen, welcher Mann es mit Männern treibt und *keine* Schuldgefühle hat, aber ich zum Beispiel (ein Beispiel, das wie immer höchst persönlich ist und deshalb nur denjenigen zu empfehlen, die ernsthaft im Begriff sind, perfekte Gentlemen zu werden, vor allem den jüngsten und empfänglichsten), ich – der ich es mit Männern treibe und, wenn es gut läuft, nur Vergnügen und Freude dabei empfinde, wenn es hingegen schlecht läuft, bischöfliche Duldsamkeit und Gleichmut und Geduld, da der Sex nicht auf der Höhe meiner päpstlichen Gelüste gewesen ist – ich fühle mich seit fast zwanzig Jahren nicht homosexuell. Ich weiß nicht, wie ich es ausdrücken soll, ich fühle mich wie *ich*, mit all der wunderbaren Unverhältnismäßigkeit, daß ich unter *ich* nun wirklich keine feste und ein für allemal festgelegte Identität verstehe. Ich glaube, ich fühle mich haargenau so identisch mit mir wie ein Heterosexueller, der, ob er es mit Frauen treibt oder nicht, deshalb kein besonderes Gefühl, keinen zusätzlichen Sinn über die fünf Sinne hinaus verspürt, die er hat.

Das Wort „heterosexuell" ist Ende des 19. Jahrhunderts nur dazu geprägt worden, um dem Wort „homosexuell" einen Widerpart, einen *Sinn* zu geben. In Wahrheit existieren die Heterosexuellen außerhalb dieser lächerlichen Opposition gar nicht. Darum fühlen sie sich auch nicht heterosexuell, sie sind es, und damit basta. So auch der perfekte homosexuelle Gentleman: Er existiert nicht, er existiert nicht mehr als solcher, er *ist* einfach, und Schluß. *Was* er nun ist, bleibt zu entdecken, doch stellt es immer noch einen großen Schritt dar, sich erstmal des aufgeklebten Etiketts zu entledigen und ein ganzes schuldzuweisendes System „anthropologischer" oder „kultureller" Referenzen zum Teufel zu jagen, das auf der Gewißheit beruht, die leicht Etikettierbaren mit ihrer schmerzlichen, klinisch ausgewiesenen *Anwesenheit* wären dazu da, um den Etikettenverteilern zu gestatten, sich jeglicher gesellschaftlichen Einordnung als sexuelle Wesen zu entziehen und in dieser *Abwesenheit* unbewußter, losgelöster, *natürlicher* zu leben. Um nicht zu den gedemütigten, beleidigten Homosexuellen zu gehören, gilt es, ein Homosexueller zu sein, der sich gegen jede Art von Schuldgefühlen wehrt und, falls er sie schon hat, auf der Stelle Gegenmaßnahmen einleitet, um diese Verinnerlichung rückgängig zu machen. Um nicht länger homosexuell zu sein, muß man homosexuell bis auf den Grund sein, bis zu den äußersten gesellschaftlichen Folgen. Das ist der erste und nur der erste Schritt, um den Schuldgefühlen die Spitze abzubrechen, denn sie lassen es nicht zu, daß du irgendeiner Sache auf den Grund gehst oder kommst, insbesondere auf den Grund deines individuellen, einzigartigen und unwiederholbaren Ichs. An diesen Schuldgefühlen liegt es, daß du nur dann oben schwimmst, wenn es an der Oberfläche der anderen ist, und nur so lange, wie es dieser Oberfläche behagt, nicht etwa im Atemstillstand am Grunde deiner selbst, den du noch gar nicht kennst, ganz zu schweigen von den wertvollen Energien, die du freisetzen könntest, wenn du dich einfach ohne weiteres Zögern ins tiefe Wasser stürzen würdest.

Schluß mit den Schuldgefühlen, Schluß mit schwul. Wie erstaunlich wäre eine Welt, in der es keine Schwulen mehr gäbe, die sich gegenseitig Schuldgefühle machen, sondern nur noch Männer, die ihn sich gegenseitig reinstecken, fröhlich und mit klarem Verstand!

Der Weg ist hart und steinig, aber der Lohn ist dir sicher: Ein Schwuler wird ein Mann, ein Mann wird ein Mensch, ein Mensch wird ein Bürger, und ein Bürger ist ein politischer Darsteller. Und sobald so einer nicht mehr sein Leben lang nur mit dem Arschloch denkt, fällt es ihm viel schwerer, weiterhin so viel Schrott zu erzählen zwischen Kirche und Armee, Staat und Familie. Die Institutionen würden mit ihm zu rechnen haben, und sei es nur, um ihn zu vernichten. Und wenn sie auf einmal mit jemandem zu rechnen haben, mit dem nie zuvor zu rechnen war, ist es durchaus wahrscheinlich, daß sie ihn nicht vernichten, sondern vielmehr im Gegenzug eine Runde Walzer mit ihm tanzen wollen, *cheek to cheek*.

Ausklang und Segen

Liebe Brüder, liebe Tanten, achtet darauf, daß Euer Leben nicht wird wie die Scheiße, die Euch entfleucht, kaum daß Ihr sie gemacht habt.

Es küßt Euch, wo immer es Euch am liebsten ist,
Euer herzallerliebendster
Monsignor Diabolus

Nur zehn Jahre, nachdem Aldo Busi seinen ersten Roman veröffentlichte (*Seminario sulla gioventù*, 1984, dt. *Seminar über die Jugend*), zählen ihn seine vielen Leser bereits zu den wichtigsten italienischen Autoren des 20. Jahrhunderts. Geboren 1948 in Montichiari, einem kleinen Ort bei Brescia, mußte er im Alter von vierzehn Jahren die Schule verlassen, um als Kellner in Hotels und Restaurants zu arbeiten; zwischen 1969 und 1974 reiste er kreuz und quer durch Europa, lernte Sprachen und finanzierte sich das Studium mit Gelegenheitsjobs. 1981 machte er seinen Abschluß an der Universität von Verona mit einer Arbeit über den amerikanischen Dichter John Ashbery und übersetzte zahlreiche Werke (aus dem Deutschen *Die Leiden des jungen Werther* von Goethe und *Ein Mord den jeder begeht* von Heimito von Doderer: in den letzten Jahren sorgte er für Aufruhr unter den italienischen Akademikern durch seine „Übersetzung" großer Klassiker wie Boccaccios *Decamerone* und Baldassar Castigliones *Buch vom Hofmann* aus dem alten in modernes Italienisch). Seine Romane, bereits in elf Sprachen übersetzt, sind gekennzeichnet durch einen Stil, der zugleich spezifische gesellschaftliche und psychische Wirklichkeiten seziert und es versteht, die Gefühle des Lesers anzusprechen. Nach dem *Seminar über die Jugend* hat Busi außerdem folgende Werke veröffentlicht: *Vita standard di un venditore provvisorio di collant* (1985), *La Delfina Bizantina* (1986), *Sodomie in Corpo 11* (1988), *Altri Abusi* (1989), *Pâté d'homme* (Theaterstück, 1989), *L'amore è una budella gentile* (1991), *Sentire le donne* (1991), *Le persone normali* (1992), *Il Manuale del perfetto Gentilomo* (1992, dt. *Handbuch für den perfekten Gentleman*), *Vendita Galline km 2* (1993), *Il Manuale della perfetta Gentildonna* (1994).

Weitere Titel aus dem magnus Buchverlag

Ein Ort, Überall
18 Erfindungen von Heimat
Broschur, 220 Seiten
25 DM / 195 öS / 25 sFr
3-928951-06-8

In diesem Band erzählen 18 schwule Autoren von den vielen Orten, an denen sie sich geborgen, verstanden und zu Hause fühlen.

Beiträge von Ulrich Berkes, Rainer Bielfeldt, Georgette Dee, Lutz van Dijk, Christoph Geiser, Christoph Klimke, Knut Koch, Friedrich Kröhnke, Detlev Meyer, Andreas Meyer-Hanno, Jo van Nelsen, Baby Neumann,, Thomas Plaichinger, Ernie Reinhardt, Napoleon Seyfarth, Michael Sollorz, Wieland Speck und Mario Wirz.

Papas Freund
von Michael Willhoite
gebunden, 32 Seiten
20 DM / 160 öS / 20 sFr
3-928951-08-4

Endlich ein Kinderbuch, dem es gelingt, Homosexualität unverkrampft darzustellen. *Papas Freund* wendet sich an alle Eltern und Erzieher, die den Kindern nicht länger vormachen wollen, daß sich hinter jeder Wohnungstür eine klassische Kleinfamilie verbirgt.